免田栄 獄中ノート

私の見送った死刑囚たち

免田 栄

インパクト出版会

はじめに

私は犯してもいない殺人の罪で死刑を言い渡され、一九四九年（昭和二四年）一月から三四年六ヶ月の年月を、死刑という重い十字架を背負わされて、全く自由のない獄舎で、重い心の鎖につながれた毎日を過ごしてきた。孤立無援の中で初めて私に救いの手をさしのべて下さったのは、熊本の慈愛園（キリスト教　身体の不自由な方への社会事業）の園長潮谷総一郎先生だった。

濡れ衣をはらし、社会に帰った私は、当時の熊本県人吉署捜査係長福崎良夫氏に会って感想を求めると、「俺たちは仕事でやった」と言う。私を起訴した熊本地検の野田英夫検事は「今さら非難するな」と言った。

最初に死刑の判決を言い渡した熊本地裁八代支部の木下春雄裁判長は「ご苦労さん」とだけ言った。

いずれの方も退職後は自動車学校の課長や弁護士になり、真面目に世渡りをして、世を去られている。しかし、私はこの真面目な方たちの違法なやり方の犠牲になり、誰も生きて出ることのできなかった獄舎から、言葉にあらわせない辛苦を経て、かろうじて這い出ることができたのである。

この国では最高裁裁判官の国民審査がときどき行われる。しかし明治以後この国は天皇制を絶対的な存在として教育したが、戦後も司法の世界においてはその拝命思想は変わらない。裁判に対する国民の無関心をいいことに、罷免を可とする投票が過半数を超えることは決してない。一五名の最高裁の裁判官はすべて、私に対して行ったような、どんなにひどい誤判を犯しても罷免されることはなく、安泰を保っている。

だが、この人たちのおかげで、私は身に覚えの全くない殺人事件の犯人に仕立てられ、死刑という極刑を科され、獄舎につながれ、明日なき死線をさまよわされた。このような残酷は、洋の東西を問わず、古往今来、世界の歴史にもその例を見ないようである。

「読書百遍、意味おのずから通ず」という諺《ことわざ》がある。感情のない「書物」だからこそ良いことを教えてくれる。けれども、人間という生物が学問をして高い地位に上ると、下々の者が見えなくなり、またその下々の者の声を聞こうとしなくなる。たいへん無責任な怖い存在となってしまう。

この国の裁判で一審有罪になった者は、その刑に不服の場合、理由をあげて控訴する。控訴判決が不服のときは上告して、最高裁判所の小法廷の場合、一五名いる裁判官のうちの五名の方による最後の判決を待つことになる。

一九五一年（昭和二六年）一二月二五日、最高裁判所第三小法廷の井上登裁判長と、島保および小林俊三裁判官は私の上告理由を認めることなく（他の二人は欠席）、一審（熊本地裁八代支部）、二審（福岡高裁第二刑事部）の死刑判決を認めて、上告を棄却した。

ところが、その棄却理由をよく読んでみると、上告してから棄却するまでの一〇ヵ月の間、なにも調べていないことが分かった。「日本人は公の犯罪に弱く、私の犯罪に強い」とチェコスロバキアの司法記者が私に話したとおり、日本人が江戸時代から育てられてきた、いわゆる「お上思想」をいいことに、上告審のご隠居さんたちは、きれいに掃除がゆきとどいた、しかし異様な最高裁という建物の中で毎日雑談し昼寝して、なにも調べずに判決を下したのである。

この井上登裁判官は、後年退職し、プロ野球のコミッショナーになり、野球界を八百長試合とバクチの巣と化したと言われている。

この他に有名な方がいる。第二代最高裁長官・田中耕太郎氏である。彼は「司法の安定のためには、国民の一人や二人犠牲になってもやむを得ない」という意味のことを言っている。無罪の人間の生命が犠牲になっても司法の安定のためにはかまわないというのだ。

第五代最高裁長官になった石田和外氏は、退職記者会見で「私は百点満点、いうことなし」

と大見得をきって退かれた。私の冤罪に対する第五次再審請求の異議申し立て（特別抗告）を棄却しておきながら「いうことなし」とは、恥知らずもいいところであろう。

私の入っていた獄中には「一人の警察官の事件処理は最高裁の確定判決に類する」という明治からの落書きさえあったが、この国は下から上まで腐っているのである。

もっと奇怪なことは、法制審議会会長の肩書きを持つ小野清一郎という刑事法学の権威といわれた弁護士が、福岡事件（一九五二年）という冤罪の疑いの強い事件の最高裁の口頭弁論のために上京した弁護団に、法廷で「この事件で僕と一緒に弁護できることを光栄に思いたまえ」と言い、弁護団は彼に頭が上がらなかったという。被告が無罪を訴えているのに、光栄もヘチマもあったものでない。司法や法曹界の上層部には、このような片寄った思考を持ち、それを誇りにしている人材が少なくない。

私は、人が人を裁くという、人の愚かさを本書で述べてみたいと思う。

1章　海軍航空廠に徴用——戦時下の悲惨な生活の中から

球磨川のほとりに育って

私は戦時中、長崎の大村海軍航空廠で働いていた。一九四五年（昭和二〇年）八月九日、長崎市浦上に原爆が落ち、その様子を目の当たりに見て敗戦をむかえ、郷里に帰った。

日本三急流の一つ、熊本県の球磨川にそって八代駅から肥薩線で行くこと二時間、温泉で有名な人吉駅に着き、ここから湯の前線（現・第三セクターくま川鉄道）に乗り換えて、さらに三〇分、球磨盆地の中ほどを周囲に九州山脈の山々を見ながら免田駅に着く。その免田町が私の郷里である。

私の遠い祖先は、元中国雲南省の山中に住み、平和に暮らしていたと聞いている。この平和な暮らしも、民族紛争が起こったためか、祖先は危険からのがれ、南シナ海に出て、黒潮に乗って北上し、鹿児島の半島に上陸、九州山脈を郷里に似た所を捜し歩き、球磨盆地を探し当て住み着き、農耕をはじめたという。作曲家・故団伊球磨さんの祖先も七〇〇年前、南宋から南シナ海に逃れて九州に漂着したといわれている。

その後、相良藩の領地になったが、人吉盆地は農作物が豊富にとれた土地だったために、藩は隠し田とした。徳川家康が薩摩藩安定のため、軍勢を球磨盆地に進めたとき、私の先祖の庄屋が沿道の両脇に握り飯を作って差し出して歓迎した。この事を聞いた家康が感激し、「隠し田の罪を許した」という。このときから地名が面田から免田となったという伝説がある。

この由緒ある家も今は没落したが、私が物心ついた頃は、養子だった父、栄策が小作人の若者を二人おいて二町（二ヘクタール）以上の農地を耕作していた。

私の兄弟は三人だったが（後に継母の子が四名生まれる）、決して仲の良いほうではなかった。長男の兄・忠義は利口だが、三男の弟・光則は病弱だった。私は養父の文造おじいさんから大変かわいがられた。隣近所の老人からは、「栄ぼうは母親が違う」と聞かされ、その度にその老人の顔を見入っていた。文造おじいさんは立ちすくんで淋しがっている私を「栄ぼう、大きくなればわかる」と言って、頭をなで、なぐさめてくれた。

その文造おじいさんも亡くなり、数年後には母親と呼んだ人も長い胸の病気で去ってゆく。残された男所帯を父の友人が気遣い、継母さんを世話してくれ、暗い家庭に明るいムードがさしたかに見えた。それも束の間、父が借金の保証人になった相手が夜逃げをし、後始末は父が負うはめになる。この解決に苦悩し、酒をあおり、継母ともめごとがたえない。あげくに離婚。

この繰り返しで、野球の代打者なみに私が学校を出るまでに九人の母がやって来る。「母なし子」と噂しながら私を見る村人の視線は耐え難かった。

太平洋戦争の勃発

学校を終えた翌年の一九四二年（昭和一七年）二月、太平洋戦争勃発の三ヵ月後、百姓の見習い中に、戦時徴用の動員令が来た。この頃の社会は、戦争一色で、「お国のため」が合言葉だった。国民すべてが天皇の守護となる、城の石垣になるように育成され、一億国民玉砕が常識とされる。この思想に反する者は、ことごとく憲兵や警察の手にかかり、刑務所行きとなっていた。

私は次男だから、将来は小屋でも建て、小さく農業をして、気ままな暮らしで世渡りするという理想を持っていたが、この夢もくだかれる。農家の次男である私は、どう思案しても、動員からのがれる方法はなかった。「農繁期には休暇を出す」「二年で解除する」という徴用の条件を信じて、徴用に応じるしかなかったのである。

二月二一日、熊本県庁に集合した五〇〇名の若者は、夜行列車で熊本駅を発って、特高と憲兵に監視されながら北上する。初めての強制的な旅に不安がつのる。誰もが沈黙し、目だけが一点を見据える。特別列車は、鳥栖で乗り換えもなく、一路西に走り、夜明けに下車した所は、長崎県大村市である。ここには当時、海軍が東洋一と誇りにしていた第二一海軍航空工廠があったのである。

翌日から鍬をハンマーとヤスリにかえ、係官の指導で訓練に入る。タガネを握る右手の親指と人差し指はスコタンばかり打って血に染まる。この期間を終え、二ヵ月後には現場に配属される。先輩の指導に従って、作業につとめ、工員生活が身についた頃に、戦局は風雲急をつげて、「南方の楽園」と若者があこがれたラバウルに続いてサイパンも落ち、連合軍はフィリッピンを経て、沖縄上陸、間もなく、広島市に続いて長崎市の浦上に原爆が落ちる。今世紀初め、東京帝大教授・戸水寛人《とみずひろんど》たち七博士に「ロシヤを撃つ好機なり」とうながされ、当時の桂太郎内閣が起こした日露戦争以来ほぼ四〇年、「国難あらば神風が吹く」といい、この国中を天皇の臣民に一色化し、大陸への侵略戦争を聖戦と教え、国民を駆り立て犠牲にした戦争が、連合軍の占領という惨憺たる結果に終わったのである。

帰郷――国破れて山河あり

今朝の大村湾は太陽の光線を受け、はるか沖合いまで凪いで、数日前までの危険な状態は去り、静かな海原に小舟がただよっている。

竹松駅で郷里までの切符を買い、ホームに出て汽車を待つ。あたりには人影もまばら。動員で来て構内を埋め尽くしていた人たちの、四年前のあの日の異常な様子は、遠い過去のおもかげで、今は田舎の小さな静かな駅である。

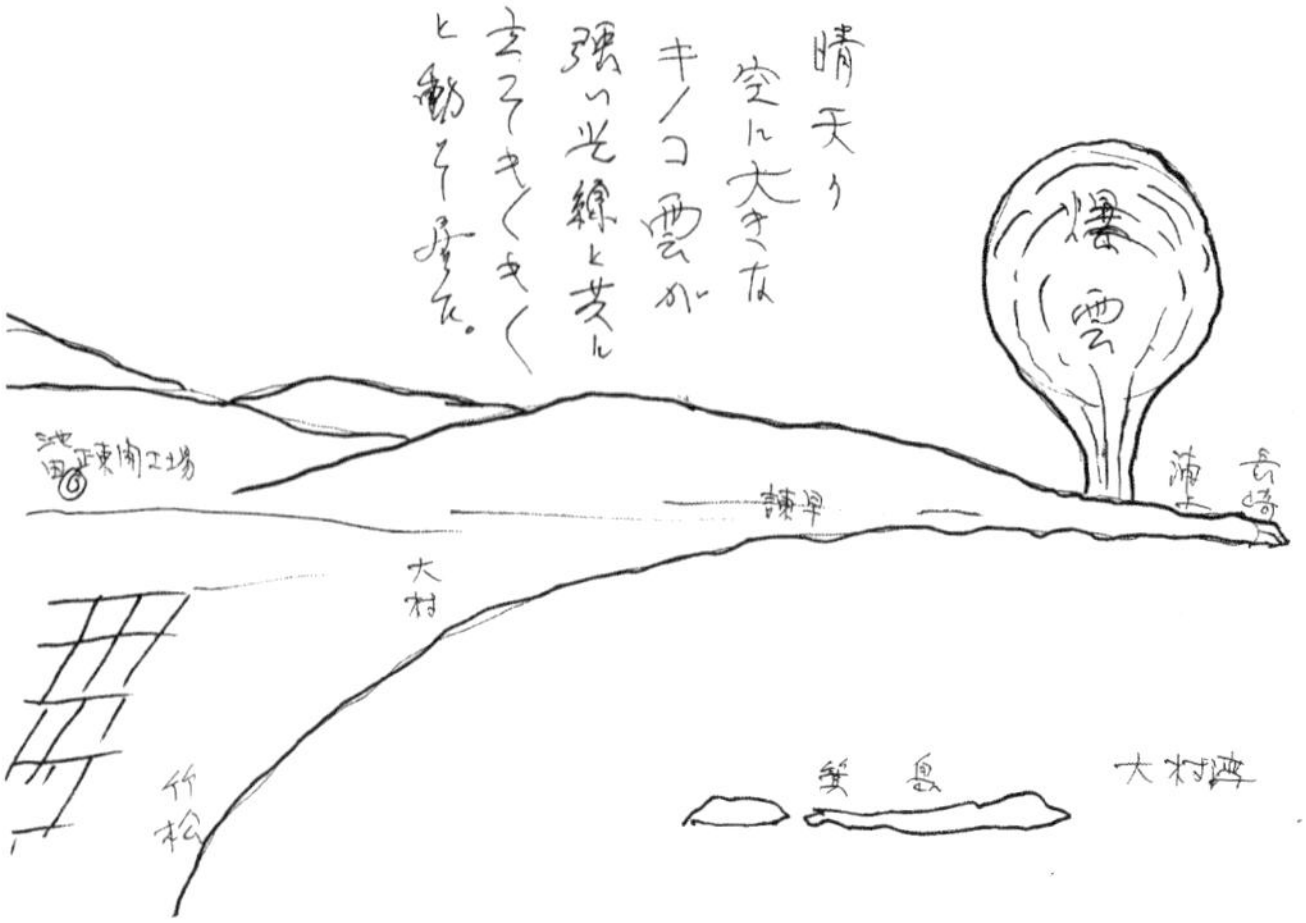

汽車が来て乗車し、海が見える席に座る。列車は大村湾を車窓に映し走る。私は多くの思い出を残す湾を見ながら心は郷里に向かっていた。

一九四四年一〇月、大村湾に浮かぶ箕島の向こう、浦上の上空に、爆音と同時に飛来したB29の爆撃で、東洋一を誇った海軍航空廠も灰と化した。その直後、私たちは山中の池田村に疎開した。

そして、八月九日がやってきた。午前一一時頃池田村の上空は雲一つなく晴れ、海から吹き上げる微風に工場内の暑さもいくらかしのげるほどだった。

そのとき異様な光線が窓外を走った。急いで窓越しに飛び出して光線の方角を注視して驚いた。危なく座り込むような衝撃だった。というのは、光線が走ったと同時に足下を揺るがせる地響きと音が来たからである。私ばかりでなく一緒に工場から出てきた者はみんな、声をのんで、池田村から見下ろす大村湾に突き出ている西臼杵郡の長崎よりの上空にきのこ型の爆弾雲がたちのぼるのを、ただぼうぜんと見ていた。

きのこ型の雲はあたかも生き物であるかのように、だんだん大きくなり、鋭い雲の線が下を横切って走ったかと見える間も、雲は大きくなっていく。誰かが、「これが新型爆弾か」と言った。と、ほとんど同時に、女工たちがすすり泣きを始め、かがみ込んでしまった。

当時、石本組は海軍が誇りにしているB7攻撃機の製造に一丸となっており、その旋回機銃の軸作りで、毎日七時間残業で作業に追われていた。みんな他のことに気遣いする暇もなくなっていたときで、私は「元気を出せ」といって励ましてやった。走馬灯のように、多くのことが脳裏を去って行く。

列車が早岐に着くと急に車内が騒々しくなる。数人の元兵士が乗車し、陸軍伍長の襟章を付けた者が座席に長々と寝そべり、「蒋介石のヤツ他人のフンドシで相撲を取って勝ちやがった」と叫んでいた。

面白いことを言う人がいると私は苦笑いし、たしか中国には黄河と揚子江という大きな川が二本あって四億の民がいると教わった、日本のような鎖国政策に閉じ込められていた小さい島国が、中国の敵ではないはずだがと思った。

郷里の免田駅に下車したのは、夜半である。雨が降っていて、ホームに水溜りが点々とあるのが改札口のガス燈で見えた。暗い町中を歩いて家に着いたときは、衣服も背中のリュックも雨にぬれ重かった。雨戸をたたいて呼び、しばらく縁に腰かけ待っていると、雨戸が開いて継母さんが片手に子供を抱いて現れた。

ぬれた服を着替え、食事を頼んだ。継母さんが「米はないからがまんして下さい」といって出してくれた食事は雑炊だったので、私は愕然とした。

家庭内暴力の嵐に耐えて

当時は軍部関係に働いている者は、敗戦で帰る日まで変わりなく、三度の食事は白米を食べていた。それがここでは雑炊である。私は食欲をなくし、工廠から配給でもらった乾麺の菓子にお茶を飲む。そこに「帰ったやて」と声がして、居間の隅から兄が出てきたが、ローソクの薄明かりに照らされたその姿をみて、私は驚きのあまりしばらく声も出なかった。兄は、私が動員されて、間もなく招集で陸軍に入隊したが、元来健康でない身体を酷使したため病を得て、病気除隊する。静養をしたためか一時は回復し、結婚して娘ができたが、病を再発し嫁は生家に帰っていた。

田舎では村の行事が終わると、その後に酒盛りをするのが習慣になっている。この風習が、お上の無理難題を発散していた。けれど、この敗戦には、みんな一応に騙されたとの思いがあり、それが酒に向かっていた。継母は、父は毎晩飲んで帰るため帰宅がおそいというので、私は父を待たずに休んだ。

その寝ている所を、酔って帰った父にたたき起こされたのである。

「農繁期にも帰らず、このガキが」と叫び、打つ蹴るのやりたいほうだいのあげく、「親不孝者は斬り殺す」と奥の間から刀を持ち出し、抜き身を振り上げたから、開いた雨戸からとび出した。その瞬間振り下ろした刀が柱に深々と切り込まれた。柱がなかったらと、いま思っても冷や汗が出る。

湯の前線に駆け上がって線路に腰を下ろし、今逃げ出した戸口からもれる灯を見ているうちに、急に長崎が恋しくなって泣いた。父の暴力は今にはじまったことでなく、幼い頃から幾度もくりかえされてきた。そのたびに、おじいさんの眠る墓地に行って「大人になれば母のことは分かる」といい聞かされた母親を思って泣いた。

長崎に航空工廠の自動車修理工場で働く友人も多くいる。長崎へ行こうと思って町役場に行って相談した。しかし当時は政府が、県外への流出は好まず、仕方なく農業に従事せざるを得なかった。

満州からの引揚者をかかえる困難な生活

明けて一九四六年（昭和二一年）には、兄が死去し、兄嫁も去り、その悲しみも癒えぬ頃、満州開拓に渡満していた父の親戚の大家族が私の家に引き揚げてきて、家族が一挙に一五名に増加した。戦時中はお国のためといい、自給自足で増産をうながし、このために肥料不足で地力がなくなり、補うために原野を開拓し、木や草を焼いてその灰を肥料に使うなどして増産につとめた。しかし政府が割り当てた米や麦の供出量を出すことができずに、警察から隠しているとの疑いを受け、家宅捜索を受けたことがあった。

その捜索が終わって役人が帰り、一人残って書類の整理をしていた町巡査の早田さんが、父と雑談していたが、帰り際に、「栄君、遊びに来ないか」と私に言った。巡査から誘われても良い気持ちはしない。しかし翌日、父が米箱から袋になけなしの米を入れて、「行って来い」と言って私に差し出した。

駐在所に行って前日のお礼を述べ、「父が持たせましたから」と言って差し出した。早田さんは「ほう、ありがとう」と言って受け取り、奥さんがお茶菓子を出してくれた。それをご馳走になりながら、農家の事情を話したが、帰るとき「困る事があったら言ってきなさい」と言われ、その上、夫婦でていねいに謝礼を言われた。

満州の開拓から伯父の家族が私の家に引き揚げて来たのに続いて、一九四七年（昭和二二年）には、ソ連に連行され、戦争責任のつぐないをさせられていた叔父・蓑毛巌さんが帰国し、政府が与えた開拓地に入った。しかし、家もなく道具も持っていない状態だったので、私は父に黙って家から材木から道具まで持ち出して、家を建て、開拓を手伝った。

これが父の意にそわなかった。父は酒を飲んで、「出てゆけ。俺の子じゃない」と叫び、私はまたも暴力を受けた。このとき、私は家を飛び出し、無銭旅行のようにして北九州の伯母を訪ねた。この伯母は、私が四、五歳の頃に、母がわりに家に来て、三人兄弟の世話をしてくれた親切な人と思っていたので行ったのである。しかし父の性格を知る伯母は、私が来たことをすぐに父に知らせたから、叔父・巌さんが私を連れ戻しに来たのである。

元軍馬を買いに連れ出されて——戦争に負けてよかった

世の中は混沌として、明日の希望も見えない暗い世相だった。こんな時、多くなるのは闇商いである。家業を私に任せ、父は仲間とこの商いをしているから、毎日商人がたえることなく訪ねて来る。そして、夜も遅くまで商談し、飲食が続くのである。

そんなある日、叔父が「兄（私の父）が宮崎に来いと言っている」と伝えに来た。私が「叔父さんが行けばよいでしょう」と言うと「そうはいかん。お前も一緒に行ってくれ」と誘うから町役場に旅行許可を貰い一緒に行った。

免田駅から人吉駅に出て、肥薩線の満員の列車に乗り、いくつもトンネルを通り、小林駅（宮崎県）に下車したときは、二人の顔は煙で黒くなっており、迎えの人が私たちを見て大笑いをした。顔を洗い、身体のススを落とし、それからトラックで数時間走って山里の村に着く。近くの雑木林には数頭の馬がつないであった。

村の商人らしい人と数人で酒を飲みながら商談をしていた父が、いつにない笑顔で出て来て叔父に機嫌よくふるまい、再び商談に入った。私が「父が何か言いましたか?」と気になるから尋ねると、叔父は「栄が来たことをよろこんでいた」と話し、私を誘い、近くにいる馬を見てさらに奥の雑木林に入って行く。

私はあたりの雑木が白く幹が見えるのを見て驚いていると、そこへ老人が来て事情を話してくれた。戦時中、全国から召集された馬が多数この雑木林に集められ、軍に飼われていた。それが敗戦で放置され、商人に連れ去られるので、町が管理し、処分は管理人に任せてあるなど教えてもらった。叔父が山の奥に入るから私も老人の後について行くと、辺りの雑木が地面から馬の口がとどく高さまで白く幹があらわれ、まだ馬がかなり木につながれていた。

その夜一泊し、翌朝早く、父が渡した馬数頭を連れ、険しい九州山脈を越えて夕刻に家に帰ったときには、父をはじめ商いの連れはもう家に帰っていた。

この馬買いに、それから数回行った。九州山脈の険しい谷間の細道を数頭の馬を通す困難な仕事は、生命をかけた大仕事であり、今はなつかしい思い出として残っている。

それにしても、沖縄と同じように本土決戦を行っていたら、長崎で見たB29のすさまじい爆撃や、原爆のするどい光を体験している私には、竹ヤリや馬ではとうてい相手になるしろものではない、負けてよかったと思った。これから畑を耕作する助けになることを馬に願った。

暗黒の運命が牙をむいていた

人にはこの地球上に生まれたからにはそれぞれの運命があるように、私にもその運命の重荷が負わされている。ようやく百姓の労働にも体がなれて、本腰をすえ家業にかかろうと思っていたところ、隣村に私用で行った帰りに、無灯火の自転車で走っていて、農道の橋のこわれ目から落ちた。頭に大怪我をし、続いて肋膜をわずらった。町医者に通って、なんとか回復してきていた頃、父の商い友達で、私も親しくしてもらっている兼田又一さんが、病の養生にもなるから「正月に遊びに来ないか、山はイノシシや小鳥がいて楽しいぞ」と誘ってくれた。一九四八年（昭和二三年）の暮れ、私は二三歳になっていた。

この兼田さんも、戦前は上海で、軍事物資を扱う商いをされて貯えもあった。それが引き揚げのときにみんな取り上げられ、郷里に帰り小作農のかたわら、農閑期に商いをし、今は山仕事に家族を連れて入っていた。

兄の死の後を追うように兄の子どもが死亡する。一九四七年一二月に私は妻を迎え家業を継ぐようになっていた。しかし心身を病み、疲労が重なってばかり。いろいろ苦慮して出稼ぎをしたいと妻に相談した。しかし妻は反対し、実家へ帰っていった。一二月二五日に妻とその兄、仲介人の山並政吉さんが来て問題解決のための話し合いをしたが、けっきょく妻を実家に帰し、私は体調も良くなく、家業を休んでいた。

一二月二九日、私は町役場に行って移動証明をもらい、配給所で滞在期間の米を売ってもらい（当時は役場と配給所の手続きが必要だった）免田駅三時発の汽車を待っているとき、かねて知り合いの溝辺ウキエさんに会い、一緒に人吉駅に出て彼女は下車する。私は肥薩線への乗り換えの混雑で別れてしまい、ホームで列車を待っているときに、闇商人の知人の木原君に会い商いの話になった。ホームの立ち話ですまず、二人で駅の外に出て、私は駅前に店を出している平川さん方に荷物を預け、それから近くの店に入り、酒を飲みながら商いの話をつづけた。

祈祷師一家の惨劇は知らなかった

話がはずみ、店を出たときはもう遅く、兼田さんを訪ねることはできず、木原君と別れ、溝辺さんのこともあって、孔雀荘に行って会い、事情を述べて、以前闇米の依頼が途中で切れていたので、私のほうからの支払い分を払い、宿泊を頼んだ。しかし、客が一杯で部屋がなかったので、孔雀荘を出て、別の旅館を探し回り、街灯もなく、店からもれる薄明かりに「旅館丸駒」の看板が見えてその旅館に入る。出てきた娘に宿泊を求め、娘は奥に入って了解を得る。出てきた娘に案内され二階に上がり、部屋に入って娘が敷いた床に倒れるようにして寝込んだ。

幾時間かしてノドが乾くので、水を飲みに行こうと思って起きた。私の側に女が休んでいるから事情を尋ね、売春宿とわかる。すぐに危ないと思って「臨検はないか」と聞く。女性は「警察の方に世話になっているから心配はない」と言った。そこで身上を尋ねた。娘は「この頃、年末には無断で警察が上がり込み、各部屋の泊り客を調べ、疑わしい者は連行して行く」。しかし「私は警察に世話になっていますから、来られても心配ない」と話した。少女を世話する警察のヤミ商売も、早田巡査の話から少しは知っていた。だが、旅館にまで利益を求めてきている、その事情を知りたくていろいろ尋ねた。

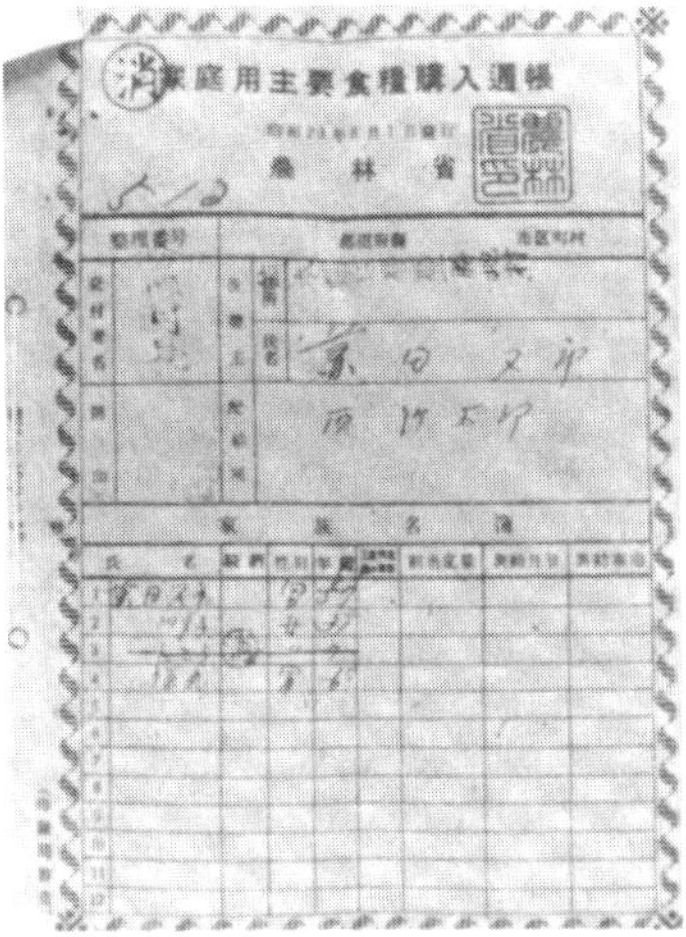
家庭用主要食糧購入通帳

農林省

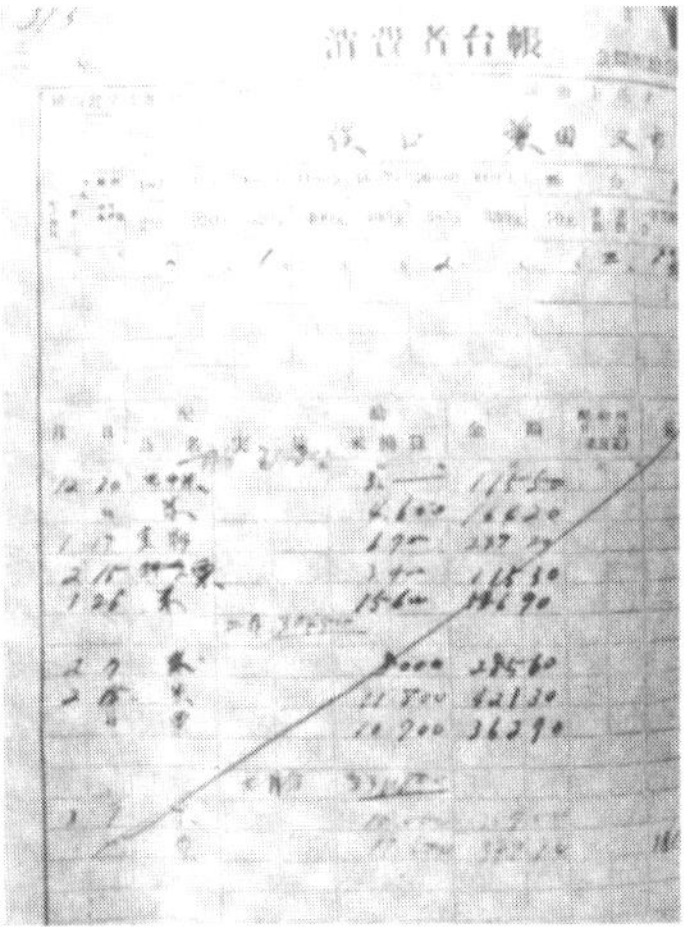
消費者台帳

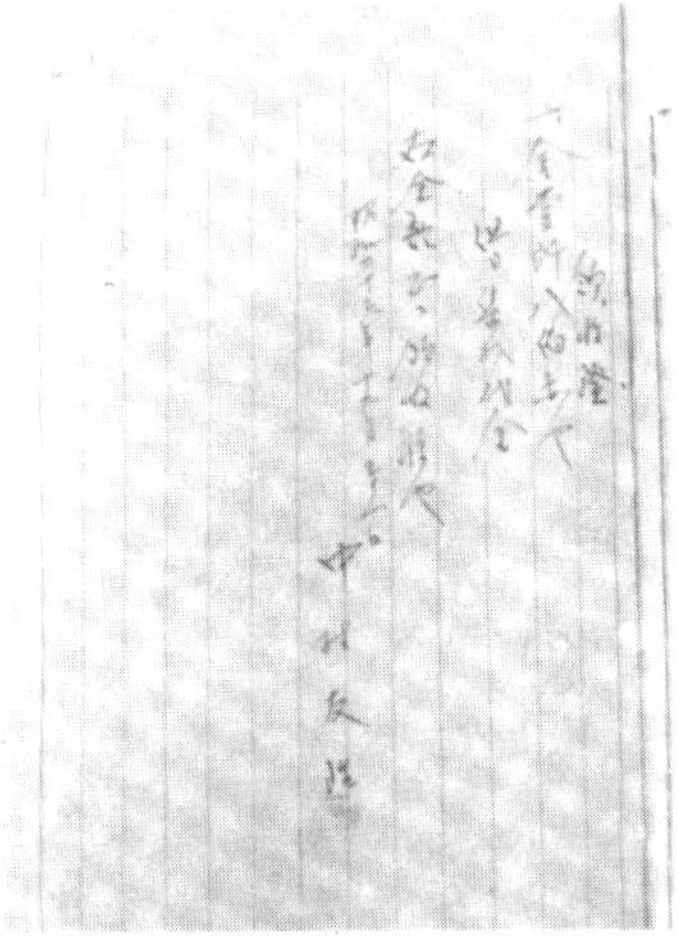

1948年12月29日深夜から翌朝までの免田さんのアリバイ物証
右上・米の配給日が記載された消費者台帳　左上・米を受けとったとき記載された配給通帳　右下・免田町役場から取った移動証明書　左下・米を受けとったときに記載された配給通帳

娘は石村文子といって、郷里は八代、母は父と別れ、一人暮らしで八代市の宮地にいるといい、職業はあかさなかった。このとき、旅館前の道路を数台の自動車がけたたましい警笛を立てて通るから、文子は戸を開けて下を見ていた。

翌三〇日朝九時頃に、旅館を出て孔雀荘に立ち寄り、溝辺さんや他の女性たちと雑談したのち、平川方に行き、預けた荷物をもらい、出ようとする所に奥さんが仕事の手を休めて出てこられた。「昨夜、東人吉で殺人事件があったことを知っていますか?」と聞かれるから「知りません」と答え、主人と奥さんにお礼を言って外に出た。

人吉駅の構内に入って、熊本の国警と自治警が多くいる様子を見て、やはり事件は本当だったんだなと思いながら時刻表を見ていた。

その私の後方で、「何処に行く?」と声をかけられた。振り向くと早田巡査が立っているので驚き、「お早うございます。今こちらにお勤めですか」、そう言うと巡査はうなずく。「その節はありがとうございました」と述べ、改札口の方に行きかけた私に、「お父さんによろしく」と言って構外に行ってしまった。

小鳥とたわむれながら山を登る

人吉駅から肥薩線で二つ目、那良口駅で下車し、駅前のタバコ屋で俣口村に行く道を尋ねると「トロ線を伝って登るように」と教わり、細道に入り登った。細道にそってトロッコの軌道があり、那良川が流れている。段々畑が広がり、無数の小鳥が畑にいて私を見て飛び立つ。

人家が点在するが寒いこと、正月をあさってにひかえて人影もない。

登るに伴い険しい山が近くに迫り、畑も人家も見えなくなり、道もトロ線にかわり、巨木が道をおおって暗くなる。一人歩きに淋しい思いをしているとき、小鳥が二、三羽トロ線の上を、私と間隔をおいて、ピョンピョン線上を飛び交っている。私はさっきまでの淋しさも忘れ、小鳥とたわむれながら登って行った。不思議なことに、森が切れて日差しのあたる所に出ると、姿が見えなくなり、暗い所に入ると、どこからか現れて同じ行動を繰り返し、本当に私の道案内にひとしかった。

再び森が切れ明るくなる。トロ線の脇に材木がつまれ、そのそばに腰を下ろしている人がいるから、道を尋ねようと近寄って「こんにちは」と声をかけた。その人は、私の方に顔を向け、そのとたん二人とも「アッ」と声をあげていた。その人が、今日訪ねて行く兼田さんだった。この日、正月用の配給物を取りに行き、その途中休んでいたのである
これから二人は兼田さんが親しくしている炭焼きのおじさん、そこからしばらく登ったおばさんの住まいで少しずつ休んで、兼田さん宅に着いた。

この日、兼田さん夫婦とさまざまな思い出話を交わし、そこに泊まった。翌朝、私は人吉の岸作にいる山並政吉さんに私用があって山を下るので、兼田さんに配給所に行って米を受け取って来てもらうことを頼み、那良口駅まで一緒に来て別れ、私は人吉に出て岸作の山並さん方

に行った。山並さんは私の妻との仲人であるが、私が体調をこわし家業を休み、妻は私の父に気遣い、実家に帰っていた。

昔の闇商いの仲間と会って

翌日は元旦である。私は人吉駅から八代に出て、駅前の闇街で商いを一手にしている朝鮮の李さんに会い、以前ちょっとしたことで世話になったお礼をいった。奥の部屋に案内されて驚いた。占領軍の物資を一緒に略奪した思い出なつかしい連中が数人集まって、酒を飲み騒いでいる。

この国が天皇を旗頭に侵略戦争を行い惨敗したあと、奴隷化されていた彼らが戦勝国民になって、元軍部の倉庫を破り占領軍の貨物列車を襲う。警察も手出しができぬから思いのままのことをしていたが、占領軍が警察に取締りの通達を出すや、みんな闇商人に転じていた。

しばらくいて、それから宮地の横田氏を訪ねたけれど、他に移っていて、飯場には井上さん夫婦がいた。この井上さんは幼い頃、隣家の農永さん方で働いていた方で、奥さんは小学校の同期である。偶然の出会いでなつかしく話をしているところに、飯場に来るようになり知り合った中井君が来たので、しばらくして二人で井上方を出る。飯場が賑わった頃の話を道中でしている間に、一人暮らしの婦人が闇商売をしているという話が出たので、この際会って闇商売の事情を教わりたく思い訪ねた。妙見神社のそばで廻りは蜜柑林に囲まれ、人家が多いわりには静かに感じる家の二階に住んでいる。案内に玄関に見えた婦人は美人で目を見はった。部屋に通され世間話をしているとき、ふと婦人の側に放置されている新聞に人吉市内で起きた殺人事件の記事が見えたので尋ねた。

婦人は「大変ですね。このため か暮には訪ねて来られる益田さん方も参られません」と言われた。私は益田といえば逃げる掏摸《スリ》を走る列車から飛び降りて捕まえた、敗戦直後の社会に話題を投じた刑事のことが思い浮かんだ。その話をするとそれが的中し、夫人は得意になって話された。

しばらくそこにいて謝し、待たせていた中井君と途中で別れて、横田氏が住む近くのお寺に行って飯場に遊びに行ったときに世話になった礼を言い帰った。

山奥にイノシシを追って

俣口の兼田さんを訪ねた。雪が多くて仕事ができないので、山を降りたことを隣の中村友治さんから聞いた。兼田さんは戦時中に上海で軍事物資の仕事をして将官とも交流が深く蓄えが多かった。戦後、すべてを失い裸一貫になって帰国した。

兼田さんが私の衣類まで持って山から下りたため、仕事着もなく食糧もないから、兼田さんの元住まいの囲炉裏に火をもやし、今からのことを思案した。

その折に中村さんがちょっと留守されて帰り「免田さん、兼田さんが留守では困りますなー。

これから私が行くところに一緒に行きませんか」と言って誘われたから一緒に出かけた。

細道を雪をけちらし、中村さんが連れて行った最初の所は、私の叔母にあたる父の妹、伊藤さんの家で、私の顔を見るなり、驚いた表情で「栄さんじゃない。何事ですか。めずらしい」と言ってなつかしがられた。

しかしそこは、私のような二町以上の田畑がある者の息子が来るような便利な所ではない。性格の強い父と何かあったのではないかと、悪く勘ぐられるのではないかと思い、それを打ち消すように「正月なので遊びに来ました」と言った。病いの養生で来たとは言えなかった。出されたお茶を飲み「また後で来ます」と言って、二人は伊藤宅を出た。

次に連れて行かれた所は、みすぼらしい家である。薄暗い室内に眼がなれてから見えたものは、壁に乱雑にかけられ、あるいは土間に放置してあった山仕事の道具であった。しばらくして奥から出てきた人は、頭は丸刈りの黒衣をまとったお坊さんである。中村さんに親しく話しかけ、囲炉裏端に上がるようすすめる。私も一緒に上がるが、なにか落ち着かない。精悍で目が鋭く、普通の山仕事人とは思えない。中村さんは私のことなどよそごとに山仕事やイノシシ狩りの話をした後、「あー、失礼した」と言って私を紹介したので、私は丁重に頭を下げた。

しばらくいて、そこから帰る途中で「お坊さんにしては、少し違いますね」と中村さんにそれとなく聞いてみた。「元憲兵将校で、大変な方ですたい。外にも身を隠している方が幾人もおり、仲間で狩りと商いをされている」と教えられ、球磨盆地のほうにも仮り住まいでおられる方を連想した。

その晩、伊藤さん宅で出された夕食はイモ飯で、喉も通らぬつらい思いをした。郷里に帰り、米を持参する計画をたてたのだが、いつにするかを思案しているうちに、中村さんがイノシシ狩りや占領軍の猟見学に誘うので、山を降りる時間がなく、数日山にいたのである。そしてこの間に思いもかけぬ風景を目の当たりに見た。戦犯として身を隠しているお坊さんが、山仕事の人夫姿で占領軍の通訳をし、親しく笑顔で雑談しているのである。この様子には、敵や味方、いや、身を隠している様子は全くない。占領軍人に、初めて会ったとき「このヤロー」と思った。空襲で物は焼かれ、身ひとつにされているからでもあったが、山奥で接して以後は、顔色のちがう風貌に親しみを覚え、一挙一動に笑いが浮かんだ。

雪は毎日あきるように降る。でも体の回復のために、もうしばらく山にいて農繁期にそなえよう。そのために、家に帰って食糧や衣類を持参しようと思った。

一月九日に山を降り家に帰り、夜具、衣類、米、猟銃、鉈等を集め、兼田又一さん宅を訪ねて私物を取る。一月一〇日に、俣口に入り、伊藤さんに持参の米を渡し、これまでの失礼をわびる。お坊さんには、これまで銃を借りていたお礼を言って、持参の村田銃を持ってイノシシを追い、中村さんをはじめ隠れ身の方と過ごした。このとき、私の一生を暗黒の世界に投じる運命がせまっているとは、神ならぬ身の私は知るよしもなかった。

2章　不当逮捕

警察官の少女売春斡旋——五人の刑事がピストルをもって山奥へ

一月一三日午後一〇時頃のことである。山は北風が強く、屋根の隙間から雪が吹き込む寒い夜で、伊藤さんは子供をつれ二〇〇メートルほど離れた隣家に風呂をもらいに行き、次男の清君（当時一一、三歳）と私の二人で床に入り雑談していた。家には電灯もなく、夜は囲炉裏の火が唯一の灯りとなり、その火を小さくして伊藤さんの帰りを待っていた。このとき、戸を打つ音がした。最初は、毎晩出て餌を探し回るケモノぐらいに思っていた。ところが次に音を聞いたと同時に戸が押し開けられ、灯りのない屋内に黒い影が数個侵入し、懐中電灯であたりを照らし、土足で居間に上がり、家具を調べはじめた。驚いた二人は床の上に半身を起こし、闇のなかに動く人影を見守った。彼らは屋内を捜し、囲炉裏端に集まり、伊藤さんが炊事用にたくわえている床下の薪をかってにとって燃やして、暖をとる。

「俺たちは人吉署（当時は自治警）の者だ。免田という者がいるか」と尋ね、懐中電灯で照らしながら、夜具をはねのけようとするので、床のなかで硬くなっていた私も仕方なく起きて、

「免田は私ですが……」と床からはい出て薄着のまま囲炉裏端に座った。刑事たちは私の姿を見ながら小声で何か話し合っていたが、その中の一人が、

「おい、免田、俺は益田という者だがね、お前は俺を知っていると八代で話しているね」と言った。寝床から薄着で出ているから寒さに体が震えて、刑事の尋問に答えるゆとりがなく、私はとまどい、そんなことがあったかなあと考えていると、他の刑事がさらに、

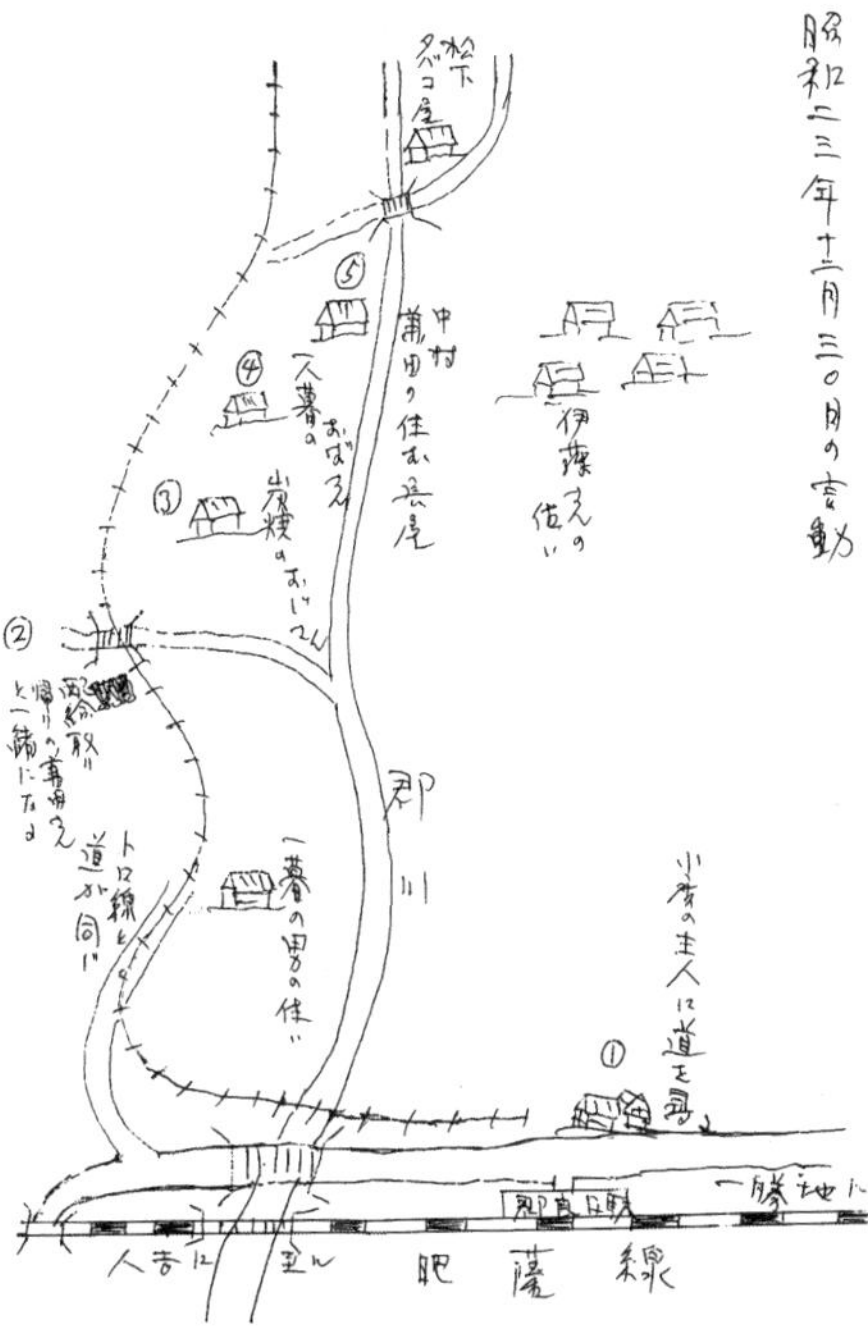

「お前は人吉で殺人事件があったと八代で話しているが誰から聞いたのか。」

「新聞に出ていると思いますが。」

「そうか、何日に出たか、そしてどこに行ったか。」

さらに別の刑事が言った。

「お前が行ったところを言ってみろ、嘘を言うとためにならんぞ。」

「よく記憶しませんが、親戚の家に行ってると思いますが、何か？」

「殺人事件のことは誰に聞いたか言ってみろ。どこでと明らかに言え。」

「聞いたことは確かですが、いま思い出せません」

刑事と名乗ったこの連中が矢継ぎ早に質問する。突然のことに即座に返事ができずに考え込んだ。刑事が五人も来て、いかめしい人相で囲炉裏火に顔を映しながら睨まれたら、ヘビに睨まれたカエルにも等しい。

伊藤方で三〇分くらいそういうやりとりが続いてから、「人吉署まで来い」という一声で私は外へ連れ出された。手錠はかけられなかった。

闇集団というべき警察の機構

俣口から那良口まで下る道は、初めはトロ線（トロッコ線）の枕木を踏んで歩く。踏み外したとたん水溜りに踏み込み凍傷にかかる。そのつもりで歩いたけれど、刑事が懐中電灯をちらつかせるから、幾度も足は水溜りに踏み込み凍傷になりかかり、痛くて歩行が困難となる。途中から山道になり、それでも痛く足を引きずるようにして下る。そして那良口駅近くに待たされている小型トラックに乗せられる。刑事は毛布を頭から被り、私に毛布の隙間からピストルを向け、逃走するなら殺すかまえだ。

当時の警察は占領軍の政策で国家地方警察と自治体警察に分かれていた。マッカーサーが警察制度を分けたのは、明治維新以降、天皇制国家を正当化するため政府は中央集権的な治安体制を敷いてきたが、その制度を改め、日本の民主化を押し進めるためだった。

けれど、天皇制教育で育ち、一度植えつけられた権威主義的な警察制度を、国民のための制度へと改めることは簡単ではない。天皇からの公職拝命を国民からのそれに変更し、天皇制をなくさなければならない。このことは島国に育ち、視野の狭い日本人にとっては、「ラクダが針の穴を通る」以上に難しいことだった。

五人の刑事に連行されて、トロッコ線を歩き俣口へ向かう

私を連行に来た福崎良夫、多良木利次、馬場止、木村善次、益田美英の五名の刑事のうち、益田と馬場と木村部長の三人は

政府が公安維持のために発動している売春法を悪用し、女性ブローカー村上キクエが田舎の貧しい家庭の娘を集めて年齢を偽り登録する、その保証人を務め私腹を肥やしていたのである。

当時、私はよく近くの球磨川の河川工事で働いていた。正月に横田宅に遊びに行き、食料の世話をして彼の母親とも親しくし、飯場の若者とも親しかった。だから宮地町の妙見神社近くに美人で闇商売をやっている婦人がいたことを教わったのである。この婦人、村上キクエは、「丸駒」の石村文子の母である。

私は旅館「丸駒」に泊まったとき、石村文子から警察の方にお世話になっていると聞いた。噂に聞いてはいたが、おかしな事があるもの、こんな時代になったのかぐらいに思っていた。ところがこの娘が正月休みに母親の所に帰って、客に身の上話をしたことを告げた。母親は驚き、正月に来た私を思い出し、人吉署の益田の所に行き訴えた。

そこで益田刑事が娘と会って事情を聞き、十六歳の小娘を誘導し「臨検はないか」と私が尋ねたというこの一語をたくみに悪用し、東人吉の殺人事件（被害者の名をとって白福事件という）に結びつけたのである。そして私が、ブローカーの所へ、刑事であるといって訪れたという筋書きを作った。これは、一九四一年に熊本市内で刑事であると偽り、電話交換の女性を連れ出し農家の作業場の二階に連れ込み、昼間は一緒にいて、夜は手と足を縛り猿轡をかませ、悪事に出る、そして後日殺害したタンダン掘事件という当時熊本を騒がした事件があったことから思いついた筋書きであった。

保口から連行され、人吉自治警察の二階の取り調べ室に入れられたのは、一四日の午前一時か二時だった。八畳ぐらいの室内には、拷問道具がいくつもつるしてある。それを見た瞬間背中に冷たいものが走った。小机を前に椅子にかけさせられ、益田刑事が「丸駒の娘は俺が世話している。よけいな手出しは、するな」と言って調べ室を出て行った。

凄まじい拷問が始まる

おかしなことを言われるなー。そう思いながら、代わって椅子にかけた福崎係長と、彼の上にいて、指揮をとった松本という部長の顔を見た。

「保口にはなにしに行った？」

「兼田さん尋ねて行き、後日、兼田さんが山を降りたから伊藤さんの所にいました。」

「人殺しをして素知らぬ顔で、他人の飯をただで食っていたのか？」

「米は手続きして持参しました。」

「その米は盗んだのか？」

「百姓ですから米はあります。」

取調室の小机を前にかけさせ、周りを囲んでいる刑事から、さんざんいやがらせ、暴言やおどしごとを言われながら、

「二九日、人吉に出て何処に行った？」

「所持金はいくら持っていた?」

「東人吉の方に金を盗みに行っただろう?」

「東人吉のほうに盗みに行った目撃者がいる。会わせてもよいぞ。」

刑事が思いがけぬことを言うから強く否定し、事件当日に会った人々の名を言って調べてもらうことを頼む。また、その目撃者に会わせてもらうようにも頼んだ。

拝命思想——「天皇から公職を頂いているのだ」

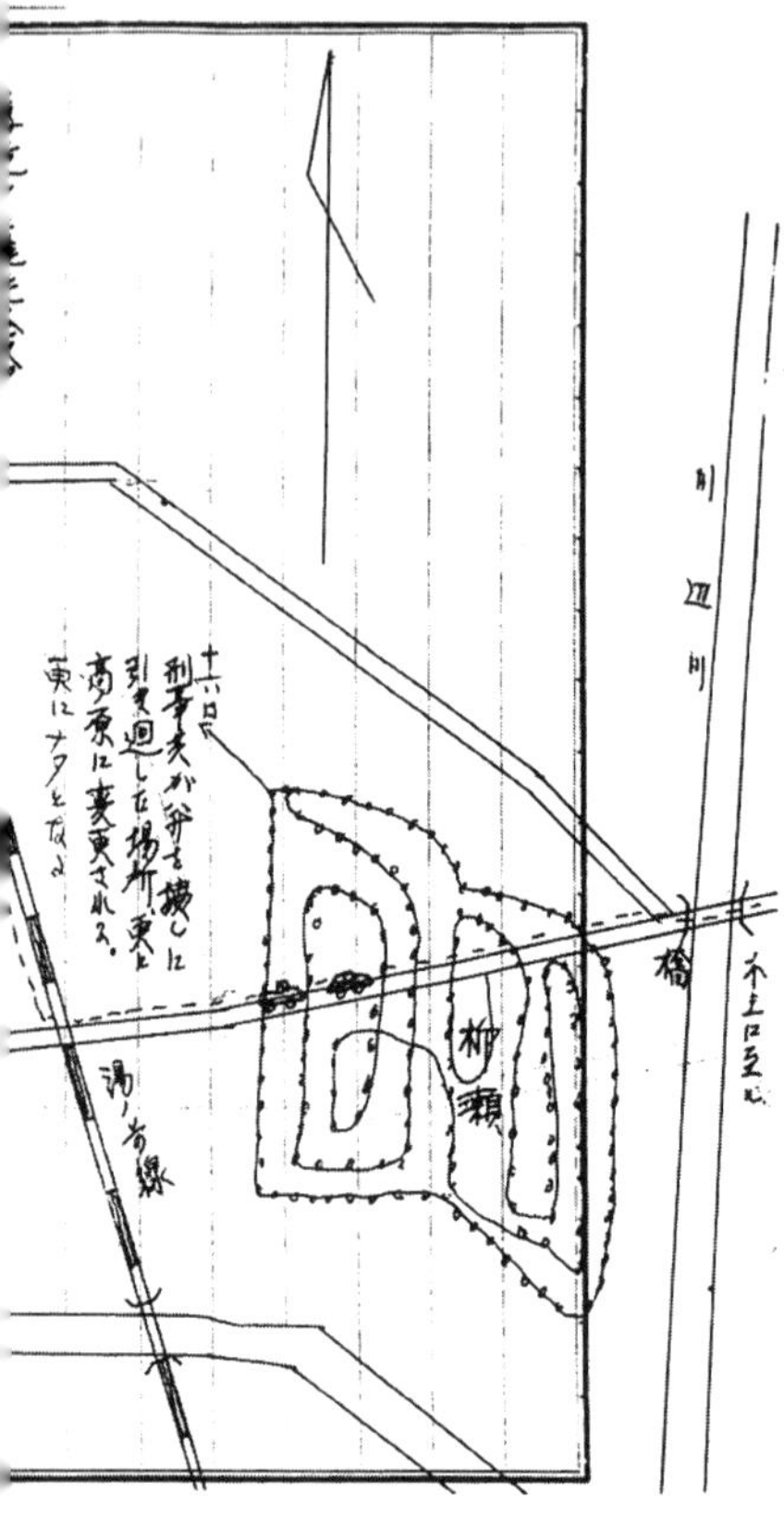

「俺たちは天皇陛下から公職を頂いた警察員だ。戦争に負けても天皇は健在さ。おとなしくしているうちに、尋ねることにすなおに答えろ。」
「俺たちはお前の一人ぐらい殺して球磨川に放り込んでも、

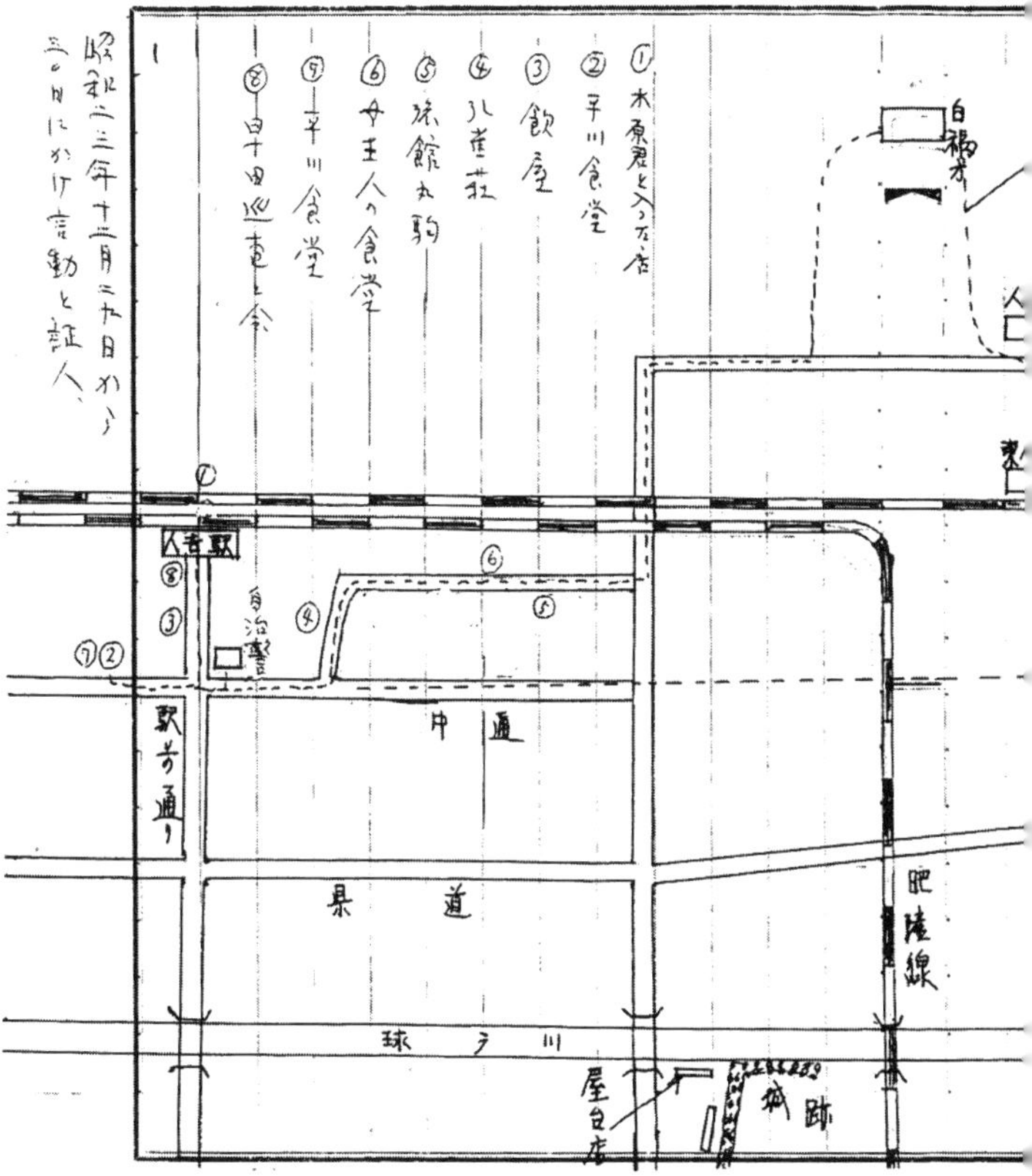

1948年12月29日から30日にかけての言動と証人

誰も何もいわん。水のみ百姓と同じに思うな。」

　などと言いながら、頭をおさえ、机の上でゴリゴリ押しころがし、ゴツゴツ机の板に小突きながら

「コラ、分かったか。すなおになれんか。俺たちをなめるな。」

　と言って、頭髪をもって頭を上げ、青竹でなぐり、押したから、後ろに

一回転して倒れる。すると周りにいた刑事が、踏むやら蹴るやらの暴力を加えた。

さらに事件当日のアリバイおよび証人を言えと厳しく迫るから、一二月二九日午後三時頃に町役場から配給所に行き、そして免田駅から溝辺さんと一緒に上って、人吉駅で下車してからの事情を述べる（三五ページの図参照）。

ところが、私の話を混乱させたのが益田刑事と木村刑事で、私の話を認めれば、私の犯行が成立しないばかりか、彼ら自身の、ヤミ業である売春の事実が明るみに出てしまう。これは、大変な事態になる。

いかなる手段を使っても私が応じないので、刑事たちは、私を調べ室に放置して、隣室のストーブの側に集まり、酒を飲みながら雑談していた。

このとき、通路の長椅子に少年二人を休ませて見守っていた少年係の刑事が私の所に来て「彼らはお前のアリバイを消そうとしている。よく頼んで調べてもらえ」と激励するように言って去った。

別件逮捕——闇米の犯人にしたてられる

一休みして入って来た刑事たちに、私はアリバイを調べてくれるよう頼んだ。「きさまは人を殺している。いまさら何をぬかす」と、またも暴力を加え、福崎、多良木、田山刑事は白紙と鉛筆を持ってきて、机を間に椅子に腰かけ、「一二九日、どこに行ったか、すなおに言え」と迫っ

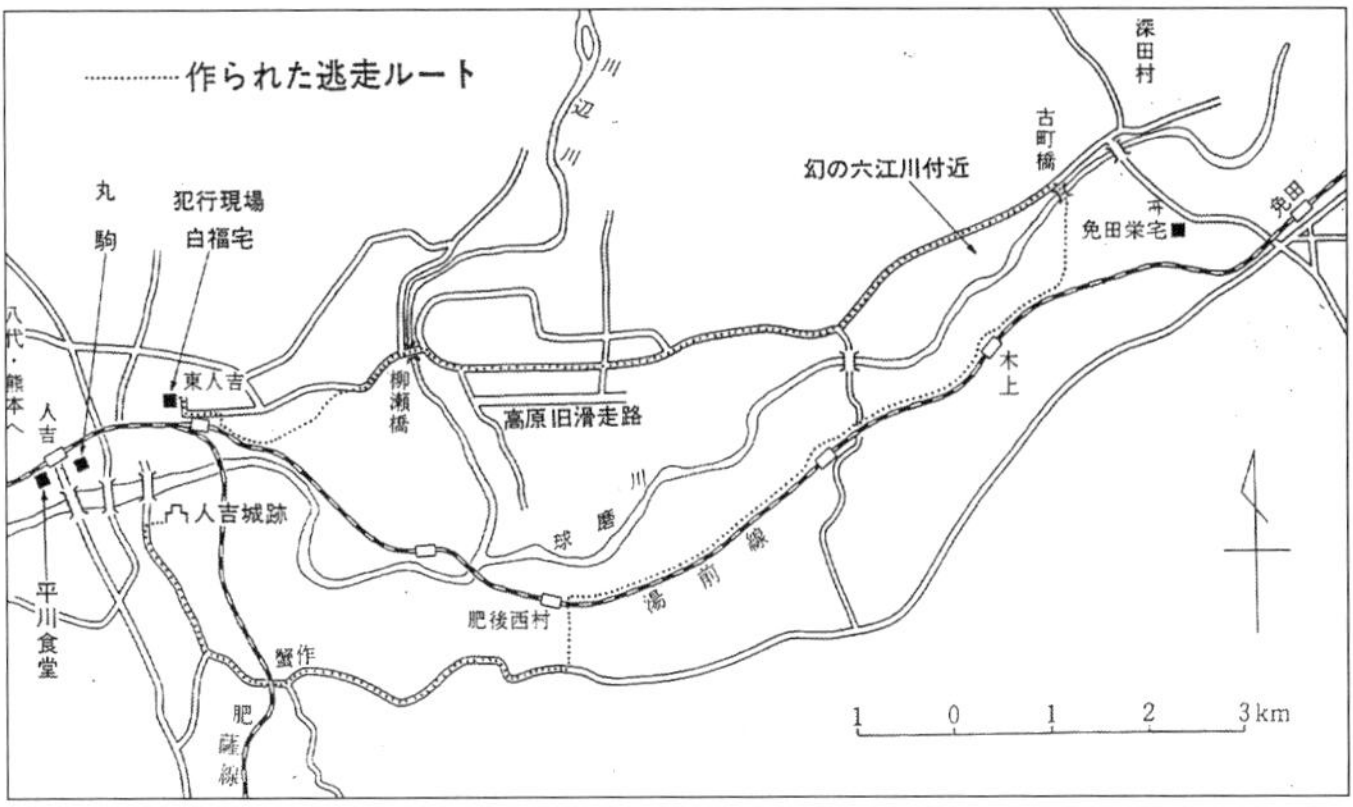

た。

こんな状態で一月一四日未明から一五日まで取り調べを続行するが何も出ない。このために、幾度も隣室のストーブ側に集まり話し合っていた。そして持ち出した事件が窃盗である。人吉から私の郷里の方にかけて起こった盗み、そのほとんどが米の窃盗だったが、未解決の分の疑いを私に向けた。

地図にも示す通り、私の住まいは球磨盆地を走る湯前線から二〇〇メートルぐらいの農地の中ほどにあって、農地は二町近く、米の割り当て供出も肥料不足のときに六、七〇俵を出していた。前に述べたとおり、家庭に恵まれず、村の噂は決して良いとはいえない私だった。これを刑事たちは、利用しようとしたのである。

朝鮮や中国の人が勝利国民となり、元軍の倉庫をやぶり、食糧を持ち出し闇で売りさばく、あるいは暴行をする。このため、占領軍が闇取り締まりを始めた。県道を使ってトラックで運んでいた物資を、彼らは背中に背負い、湯前線を伝い、人吉の方に歩いて出た。父も同じ商いをしている関係で、私の家に来る闇商人は日を追って多くなっていた。

私自身、朝鮮や沖縄へ行って闇商売をするために五人ばかりでコオモリ組と名のる組織を作っていた。これがばれては大事になる。私なりに逃げ口上を作らなければいけないと思っていたところ、刑事が窃盗事件を持ち出した。これを認めれば私だけですむ。ということで、私はこの窃盗事件を認めたのである。しかしもちろん私が負わされた窃盗事件、モミ七俵など、私一人で運べないことは言うまでもない。

司法界に「犯罪と罪名はちがう」という諺がある。犯罪は一時の迷いから行うが、罪名は警察官が密室で、名誉と栄進をかけて作り上げるから、容疑者は警察の犠牲者でもある。前に述べたとおり、「二人の警察官が処理した事件は、最高裁の確定判決に匹敵する」という諺のとおりのことが行われている。三権分立などといっても、司法・立法・行政の人材が天皇の公職拝命によってなりたっているからである。下民扱いされることを国民は自覚すべきである。

二度目の連行、さらに凄惨な拷問

窃盗事件を認めたので、その調書を持って馬場、多良木両刑事は、私を車に乗せて、地検人吉支部に連れて行き、まず検事らしい人物と小声で話し合った。そして、私をその検事の前に突き出した。検事は調書をめくっただけで「間違いないね?」と言うから「はい」と答えた。

これで検事調べは終わりである。今も昔も容疑者というレッテルを貼られ、認めたら終わりである。調書が正しいかどうかなど全く問題にされない。

そして人吉署に帰り、昼頃、釈放された。一月一三日の夜から一六日の昼まで、食事も寝ることも許されない連続の取調べに身体は疲労困憊、歩行もままならないありさまで帰路についた。ぼーっとして視界がはっきりせず、天気がよいのか悪いのかもわからないような状態だった。これは危ないと注意しながら、下向きかげんに歩き、ふと刑事が言っていた二九日の夜の行動について調べてみる必要があるのではないかと思った。しかしなにも関わりのないことだし確かめることもなかろうとうち消したものの、平川さん方は帰り道だからと思いなおし駅前から路地を入って平川さんの店に寄った。

「どうしたのです。刑事が何度も調べに来ましたよ。」

「なんでもないのですが。私は暮れにお宅に来て荷物を預けましたよね。」

「来なさった。確かに。刑事さんにもそう申しました。」

やはり間違いなかった。確かめる必要もない、俺は嘘なんか言わんのだと思い、渡の方へ中神街道を急ぎ、林町近くまで来たとき、誰かずーっと遠いところから呼ぶような気がした。なんだろうと振り向いたところ、目の前二、三メートルの所に多良木刑事が自転車を止め、拳銃をつきつける。「もう一度、署に帰れ。用事があるけん」と言って、私を自治警の取調室に連行した。

椅子にかけさせ、「俺たちをなめるな。五体満足にしておかんぞ」と言う。他の刑事たちを呼び集め、私を取り巻いて追及をはじめ「白福殺しに使った凶器を言え」と迫り、私は「知らない」と言った。多良木刑事が「柔道の手ほどきをしてやる」と言って、私の襟首を持って引き立て足払いをかけたから、私は床に倒れた。そこを囲んでいた刑事たちが踏む、蹴る、引き回す。さんざん痛めつけて椅子に引き起こしてかけさせ、「すぐに自白しろ」と白紙と鉛筆を机におく。人を殺したことも、人の物を盗ったこともない私に自白しろと要求し、さらに誘導尋問をはじめた。

「一二月二九日に丸駒に泊まったというが嘘だ。女を身請けする金づくりのために殺しの計画を立てていたはずだ。」

「二九日は丸駒に行かず、中学通りの方に行って盗みに入り、見られて人殺しをやっている。覚えがあるだろう。」

と、刑事たちは、私が初めて宿泊した丸駒の女性を身請けするために金目当てで事件を起こしただろうと迫る。

刑事たちは事件が起きてまもなく現場で状況を調べる。犯人の行動は職業柄、推測がつく。それに益田や木村あるいは馬場刑事、この売春のヤミ刑事が外部にいて、疑わしい情報を集めて報告する。それを取調べをしている刑事に伝えるから、これほど疑いを深める情報はない。私はこの刑事の追及を否定し、アリバイ及び関係証人調べを頼むから、刑事たちは立腹する。

打つ、蹴る、パンツ一枚の裸にして、床に座らせ「すなおになるまで動くな」といって、隣室のストーブの周りに集まって雑談し、私の方をガラス越しに見ている。

この間にも福崎係長は部下を四方に走らせ、私に不利な情報のみを作り集め、家庭における私の存在や生い立ちについてまで、調べたことでいやがらせを繰り返し、お互いに笑いあっている。

そして、一二月二九日の旅館丸駒のアリバイは消され、石村文子が、一二月三〇日に泊まった時に、「寝言をいった」「落ち着きがなかった」「洗面器に水をとらせ服を洗った」「刑事のまねをしていた」と述べたとの情報が入り、刑事たちは殺気だって、私を攻め、暴力を加える。これでもたりなく思ったのか、階下の部屋に連れ込み、足首を綱で結び天井につるし、青竹で打ちくりまわす。面白がって笑いながら「われわれはやろうと思えばなんでもできる。百姓とは違うぞ」と言ってしばらく逆さ吊りにし、頭に血が逆流し気が遠くなる頃に床におろし、「すなおに白状しろ」と攻め立てた。

私が兼田さんを訪ねたのは、体調回復が目的で、無理しないように山でイノシシを追って歩くためだった。それがこの警察に来て残酷な仕打ちを受け、夜も休めないから、熱が出て、身体が震えだす。それを見ていた刑事が、「良心の呵責から震えている」などと言い、すべてを悪い方向に解釈し、疑いを深め、私の主張することには耳をかそうとしない。

ぶたれ、こづかれても、私が事件に関わりはないと言い張るので、多良木刑事はもう一人の刑事と私を連れて、一二月二九日から三〇日の私の行動を説明させようと実況見分を行う。

どんなに凶器を探しても

実況見分をして署に帰り、刑事たちが集って話し合った結果、やっぱり「嘘を言っている。用があるから、もう一度出ろ」と怒鳴って、また私を車に乗せる。今度、連れて行った所は柳瀬村の人家のない原野で、その辺りを引き回した。「犯行後、お前がこの辺りを歩き回っているのを見た目撃者がいるんだ」と言う。そのうえ「凶器を捨てた覚えがあるだろう」と言ってあたりを捜した。このとき、益田、馬場、木村三名の刑事がどこからともなく姿を現し、益田刑事が「きさまがいくら隠しても、必ず犯人にしてみせる」と捨て台詞を吐いたのである。

白福事件の凶器は重い物と推測されていた。だから私の回りに日本刀とか斧とか山刀とかはないかと追求する。また村上キクエの夫が刃研ぎを職にしていたらしく、私が一月二日頃に訪ねたときに、「刀はないか」と尋ねたと言わしめている。凶器探しにやっきになっていたのだ。

刑事たちは、私の身辺から何も出ないので、俣口まで行って調べ、私の物を全部持ち帰り、私の前に置いた。それは、夜具と鉈と猟銃である。私が恐れていた闇使用の猟銃は、占領軍に対する反逆の武器ということで没収の対象になる。また使用するには役所や警察の許可がいる。

鉈の方は鑑定の結果、O型の血液が柄から三寸ぐらいの所に付着し、被害者の血痕と血液型が一致したという。

被害者と警察官の犯人像が全く違う

そこで刑事たちは、ついに獲物を捕らえたとばかりに得意になり「すなおに自白しなければ、猟銃の不法所持を占領軍に対する反逆罪で告訴する。お前ばかりか親兄弟も銃殺だ」といきまいた。私は鉈の柄についているO型の血液の出所について説明できない。その上、落ち着いていた病いが再発し、熱で身体が震える。この状態が犯行を隠している良心の呵責だと決めつけ、刑事たちは、強制、強要、誘導尋問、暴力をさらに加えた。

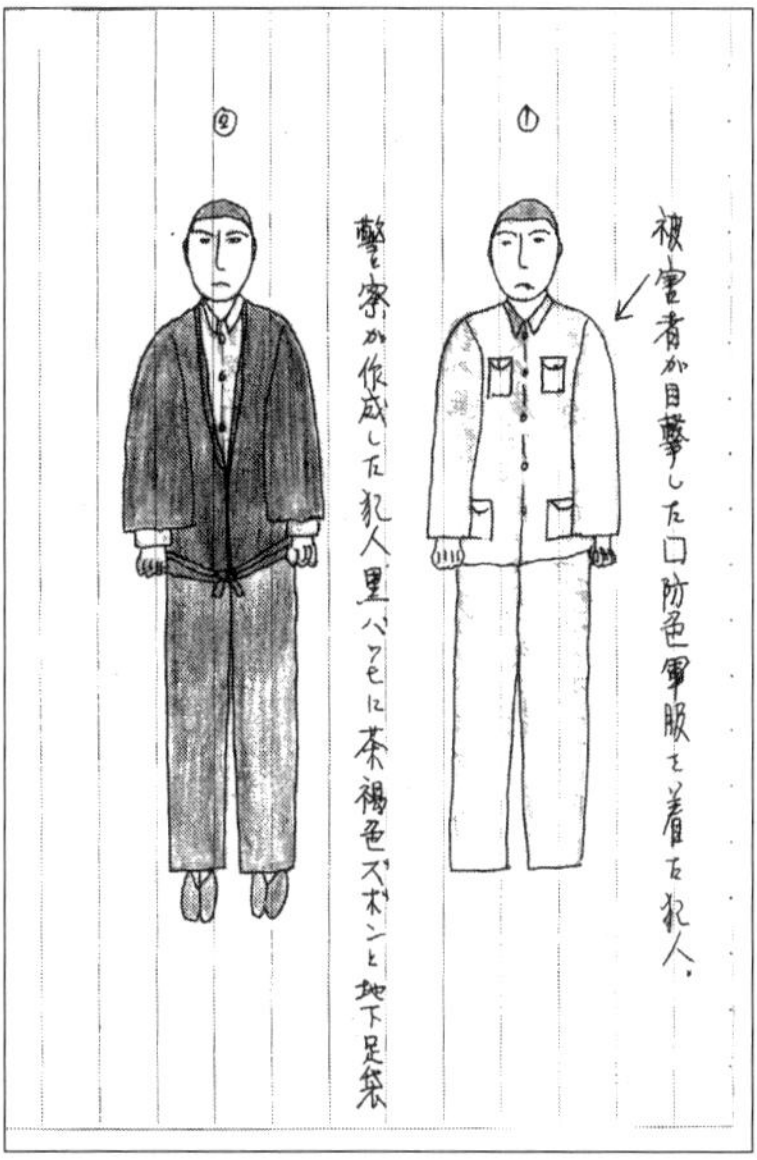

この毎夜の取調べに私が疲れ果てたのに対して、刑事の方は調べる組、休む組、仮眠する組の三組に別れて、役割を決め、私の自白調書を勝手に作成してしまった。

ところが、図の通り、被害者が見た犯人像と警察が作った犯人像は明らかに違うのである。上図の右では、国防色の軍隊服を着た犯人が、犯行後炊事場で手を洗い、火鉢のそばにある被害者白福角造のたばこをキセルに詰めて吸って出ていった服装である。これは被害者の少女の証言に基づいて書かれている。

左は、警察が一月一三日から一九日の朝までに、強制・強要・誘導尋問で作った犯人像である。私が平川方に預けた手荷物に入れておいた半纏を前提にして作ったのだから、まるで違っているのである。

さらに、警察が凶器と決めつけた鉈は、猟銃と共に年が明けて一月一〇日に家から夜具や米と一緒に荷造りして、手荷物で免田駅から那良口駅に送り、俣口の伊藤方に運んだものだ。

その鉈を逃走中に高ノ原に埋めたという場所も、一月一七日調書と、一八日調書では合致しないばかりか、鑑定人上田勝治の指示する場所は全く方角が違っている。また、そこから血液の反応も出ていない。おかしなことに、六江川という川はどこにも存在しないのである。

さらに不思議なことは、私をニセ刑事であるとして、人吉署に勤めている益田刑事に訴え出た村上キクエなる女性が、その後皆目行方が知れなくなっている。美人で売春のブローカーの傍ら、八代市で有名な医師の二号におさまり、社交も広く、この地位をけがさないため、日頃親しく付き合っている益田刑事に告げたのである。

起訴――「お前は地獄に堕ちるか？」

疲労と病の熱にうなされるなかで、警察の調べは終わった。真実はつぶされた。偽造の自白調書を所持した松本署長外三名の刑事に連行されて、一月一九日朝六時の汽車で八代地検に送られた。私の犯人説を否定した国警の連中はどう思ったか、これは神のみぞ知るである。

野田英男検事は、私の体調もかまわずに、私に「お前がこの事件をやったことは間違いないね」と尋ねた。私は「そのようなことは知りません。当夜は市内の丸駒に泊まっているのです。もう一度調べてください」と言った。それ対し、「嘘を言うな。嘘を言えば罪は重くなるばかりだ。ありのままを言って罪の償いをしろ。お前がどうしても嘘をつけば、地獄へ堕ちるばかりだ」と、私をにらみつけた。

後日、看守から聞いたことであるが、野田検事は人吉に出張している夜中に白福事件が起きた。現場に行き、被害者の悲惨な様子を見て「死刑にしてもたりん」と激怒していたとのことだ。私も刑事に疲れた身体を引きずられ、現場に行って、部屋一面が血の海と化している様子を見ているから、検事の気持も分からんではない。だが、どんな感情があろうと、容疑者の言い分は十分に聞き、もし否認しているなら、検事という立場にいるのであるから、その事実を調査するくらいの自覚を持つべきなのだ。野田検事は公務に怠慢どころか、刑事たちの証人隠しを手伝うのだから悪党としか言えない。真に司法犯罪者と言っても過言ではない。

この検事調べの直後、私は八代拘置支所に連れて行かれた。身体検査のときに、鳥肌で震えている様子を見て、すぐ熱を計ってくれたが三九度あった。独房に入れ、床を敷いて寝かせてくれた看守がいる。この親切な人は、森さんといって郷里の隣町、多良木から来ている方で、後日休みを利用して郷里に帰り、そのついでに私の家まで行って父と会ってくれた。

私は、一月二八日、白福事件で起訴された。

それは、最高悪人ということであるから、初めは事務所近くの女性の房に入れられ、後日女性の容疑者が入ってからは独房に移され、つねに事務所の近くで監視された。

私を起訴した野田検事は、ヤクザや金持ちの容疑者にはお茶菓子を出し無駄話をする。看守が「多忙なのに無駄な時間をつかう」とよくこぼしていた。拘置支所は用務員を加えて九名しか職員がいないのに、収容者は二〇〇名近くいて、現場は三名の二交代制であった。

私は、この女性房で二ヵ月間、食事もとれないほど熱にうなされた状態の日が続いた。この間に父が選任してくれた本田義男という弁護士が面会に来た。看守に支えられ面会室に入ると、金網の向こうにいる人の顔が二重、三重に見えて話も分からない。その紳士はポケットから数珠を出し、念仏をとなえて帰っていった。後日、この弁護士が、「あれの息子は馬鹿だ」と、父の友人に言ったということである。

3章　死刑囚の烙印を押されて

——無実の人間にこれ以上の人権侵害があるか

熊本地裁八代支部で死刑判決

一九四九年（昭和二四年）二月一七日

熊本地裁八代支部で、住居侵入、強盗殺人、同未遂ならびに窃盗被疑事件として私の裁判が開始された。裁判官は木下春雄（裁判長）、立山潮彦および田中英寛の面々、検察官は野田英男、そして弁護人は父の知人岩崎六郎の紹介で本田義男弁護士であった。

私も二人の看守に連れられ法廷に入り、被告席に座らされた。何分にも体調が悪く、ふらふらで座っているのもやっとである。そこに弁護人が入って私の前を通り「元気か」と言って、弁護人席に着く。間もなく裁判官や検事も入り公判が開始された。

私は、殺意だけを除いて検事の起訴状を認め、続いて弁護人も同じく認めた。この日は何事もなく終わった。

三月二四日

この日の第二回公判に、石村文子が証人で出廷、被告が「刑事のまねをした」「服に赤い物が点々とついていた」「寝言にうなされていた」等と、さんざんの悪態をついた。検事が私が旅館「丸駒」にいつ泊まったかを尋ねたのに対し、それは一二月三〇日だと嘘の証言をした。

木下裁判長が「被告は言うことはないか」の問いに、私はふらふらする体で立って、「一二月二九日です」と言った。この言葉にはヒナ台の裁判官も、検事も弁護士も無反応だった。この態度はこの国の司法界が拝命思想にぼけている証明である。

四月一四日

この日第三回公判。私は獄中に春風が吹き込む頃から体調も回復し、朝食も麦と米半々でもおいしく食べられるようになり、これまでの裁判を反省しながら一〇時に法廷に入った。ところがいつもの法廷と様子がちがう感じがするから、側の看守に尋ねた。看守は「今日はお前の求刑だ」と教えてくれた。独房に一人でいて、話し合う人もいない。それに田舎者だから、求刑などと難しいことを言われても分からない。改めて尋ねた。看守は驚いた表情で「今日で裁判の結審、つまり終わりだ」と教えてくれた。このとき、脳裏に走ったのは、自分の愚かさの一言だった。

ここでいつものとおり弁護士が入ってきて席に着いたので、私はすぐそばに行って「私は事件には関係はない」と言い、その理由も述べた。弁護人は裁判開始と同時に木下裁判長にそのことを告げたので、本人尋問が開始された。私は前年の一二月二九日、すなわち白福事件の起こった夜は「丸駒」に泊まり、事件に関わりはないという事実を述べた。

第四回公判以後、私が一九四八年一二月三〇日夜、俣口村の兼田方に泊まったことを兼田さんや中村さんが証拠に基づいて証言し、第五回公判に証人として出廷した「丸駒」の娘は第二回公判の証言を改め、「丸駒」に泊まったのは一二月二九日であると、はっきり証言したのである。以後、一審公判は一年近く続いた。

一九五〇年（昭和二五年）三月二三日

この日、期待もむなしく、死刑の判決を、木下春雄裁判長は薄笑いを含んで言い渡した。「判決はきわめて簡単であり、アリバイを立証する物証や証言には全くふれていない。完全に無視している」うえ、私の「捜査段階の自白を最大限に重視し、物証を無視したものであった」（日本弁護士連合会『続・再審』）。

この判決理由を聞いて私が痛感したのは、やはり家庭に恵まれることのない生い立ちの悪さが裁判官に間違った予断を抱かせたに違いないということである。

この判決公判には私を連行して殺人犯に仕立てた人吉署の福崎良夫、益田美英その他の刑事も傍聴に来ていて、看守に引かれて帰る私に、「よう、元気か」と笑顔で声をかけた。

また法廷を出るときに、傍聴席の隅に父栄策と叔父蓑毛巌さんが座り、手錠をかけ引かれ去る私を、涙をタオルでふきふき見守っていた。私は頭を下げ「元気でいてください」と心に祈った。これが叔父を見た最後となった。

この日、独房に帰り、床に身を伏して男泣きした。

薄暗い独房は、二畳半の狭い窓際に便器のオケとセメントづくりの小さな洗い場があるだけで、電灯は二房に一つ、壁の中央に取り付け、鈍い光を放っている。

私が初めて八代拘置支所に入ったときは、警察の強制・強要・誘導尋問・暴力で疲れ切って、養生中の肋膜が悪くなり、高熱でうなされて二ヵ月くらい何もできなかった。この間、誰にも相談することなく裁判は進行し、第三回公判頃から熱も消え、物事の判断ができるようになって、一度認めた事件を否認した。健康の回復と共に事件の重大さに気づく。だが私選弁護人である本田義男氏は面会に来ない。この弁護士は不思議な人物で、公判の度に出ては来るが、法廷の被告席にいる私に「よう、元気か」と声をかけて弁護士席について、公判が終わると黙って帰る。傍聴に来ている父親にはそのたびに幾十万かの費用を要求して、一審の判決後も「控訴する」という一言を残して法廷を去っていく。

でも今となっては、この運命を打開するには、時間、いや年月が経つのを待ち続けるしかないと痛感する。

福岡・土手町拘置支所へ移る

一審で死刑判決を受けると同時に、福岡の方に移監される手続きが進められていた。やくざ稼業で刑務所経験のある大沢という男が「福岡に移った方が食料が良い」と、教えてくれる。ここでは毎日小さい皿に入った飯と大根漬け三つに登山用の湯飲みくらいの食器にみそ汁。私は毎日毎晩食物の空想をし、夢を見た。

三月、重い手錠をかけられ、腰ひもをうたれて、杉本、坂本、森看守に引かれて福岡へ向かう。護送される私の姿は人目につき、私には不安がつきまとった。

土手町拘置支所での三度の食事は「米と麦の半々」であっても量が多く、腹が満たされたから、やせて尻の穴が見えていた体が日増しに回復した。

控訴審が始まると空襲で焼け落ちた町跡を通って仮の裁判所（元青年会館）へと出廷した。そこへは車で連れて行かれるのではなく、手錠をかけられた被告人数人が数珠繋ぎで歩かされるのである。そこで見たものは、みすぼらしい人の群れと春に若々しい芽を吹いた焼け残りの木々、日の光をまばゆく反射して流れる小川だった。この頃は焼け残った良い建物は占領軍が使っており、敗戦国の日本人は占領軍はもとより朝鮮人や中国人にも頭が上がらない。激動期の混乱のなかで裁判が行われていた。

土手町拘置支所でまず驚いたのは、建物も大きいが収容者が多いことだった。さらに驚くべきことは、私と同じように一審で死刑判決を受け控訴審の裁判中の者が五、六〇人いて、その大半が冤罪や誤判の犠牲者なのである。彼らは独房の小机で書き物をして、運動時間に看守を気にしながらお互いに相談していた。

この頃は司法も行政も占領軍が監視していて、拘置支所内で看守が収容者に暴力でも加えようものならすぐにMPが来て支所長や幹部に注意し、あるいは解任させるから、旧来のような看守による暴力はなくなった。

私はこの拘置支所に来て初犯者という配慮から雑居房に入れられた。そこで一二、三人の人たちと七畳くらいの房で折り重なるようにして数日を過ごした。雑居房に入ったとき房主が「君は俺のそばで寝ろ」と言った。言われるとおりそばに休み、二、三日経過した。ある日の夜中に尻の方で何か動くものがいるから、手をやって驚いた。親切だった房主が、小声でなまめかしいことを言いながら男根を突きたててくる。断ったが執拗に迫るから起きて急所を蹴飛ばしてやり、殴ったから房内は大混乱になった。看守が駆けつけ、全員が引き出され調べ室でさんざんしぼられた。この結果、私だけが独房に移り、房主は本所（福岡刑務所）の懲罰房送りとなった。

このとき、看守が私に手錠をかけようとしたので、必要ないと言って手錠を取り上げて廊下に投げ捨てたが、そのとき、職員の腕時計のガラスが割れた。責任者の田崎部長が私に対して、「いちおう取り調べのために本所へ行ってもらうか」と言う。「そうでしたらMPに連絡して調べてもらいます」と言うと、急に態度が変わって、「免田、今回のことは俺に任せてくれ」と言って、この問題は終わった。

現地調査

福岡高裁の裁判は、第一回目の法廷で否認したところ、白石亀裁《ひさし》判長および陪席判事に異様なムードが流れた。彼はめがね越しに私を見ながら、両陪席との合議、検察官、本田弁護士との打ち合わせに入ろうとしている。私は弁護士に事件当夜のアリバイ証人調べを申し出た。検察と弁護士が求めている現場検証と、ともに同じ日に行うことが決まった。

証人調べの前日に熊本の京町拘置支所に移監されて翌朝人吉署に行き、裁判所からの連絡を待つ。いつまでも連絡がなく、そばにいる京町支所の看守に頼んで、事務所に尋ねた。けれど返事は来なかった。

数時間後にやっと連絡が来て連れて行かれたのは事件現場であった。警察に一度連れてこられた、この現場の検証よりも、村上証人と、その娘で丸駒で働いていた石村文子証人に会って、当日のアリバイを確認することの方が重要だった。警察の虚報に騙されて集まった町内の野次馬連中のとばす心ない野次を聞くのが耐えられなかった。

殺人現場であった母家から出てきた本田弁護士が私に近づいて、

「今日は裁判所の都合で証人調べを先に行った」、そうひとこと言って姿を消した。私に何らの連絡もなく、突然変更されているこの事態を理解できなくて立ちすくんでいる私の前を、白石裁判長も薄笑いを残して立ち去った。そして私はこのあと京町支所に帰った。

私は証人に会って事件当夜のアリバイを確認する予定だった。それが私を外したところで行われたという。私は寝苦しい一夜を過ごした。

翌朝、支所長室に呼ばれた。「よう、来たか」と、支所長は笑顔で私を迎え、内田又雄氏と矢野幸夫氏を紹介した。二人の事件については、当時『熊本日々新聞』が大きく取り上げて報道したので、八代拘置支所にいた私も噂で聞いていた。けれども本人たちと支所長室で会うことになるとは夢にも思わず、私は二人に紹介されて驚き、二人の顔をろくに見ることもできない怖さを感じた。

収容者が集まって雑談することは規則上許されない。内田氏や矢野氏との雑談は支所長の特別な計らいで実現したものであった。このとき私はまったく知らなかったのだが、二人には前科があり、一審で死刑の判決が出るだろうことを察して、田舎から何も知らずに出てきて死刑判決を受け、控訴中の私を彼らに紹介してくれたのは支所長の心遣いだった。

人吉の現地証拠調べから帰り、毎日房内で夜具にもたれてこれからの裁判のことを思い、誰に相談することもできずに独り言を繰り返していた。

拘置支所内の日課は全国共通らしい。六時半頃起床、房内の掃除をして、七時頃に「配食用意」の声がかかる。炊事係の受刑者が食事を配りに来る。開けられた食器口から食器を出すと、飯と汁を入れてくれる。食事が終わると便器替えと一日使用する水の配給がある。備え付けの水瓶を出し、これが終わって九時から四〇分間の運動がある。そして房に帰ったら自由時間になる。一一時半が昼食、四時半が夕食。五時が人員点検、九時が消灯となる。

この単調な独房生活にも、厳しい寒さから解放され、春の訪れが聞かれる。ある日、小机に向かって物思いにふけっていると戸が開いて「元気でいるか」と声をかけられた。なんと橋本京町拘置支所長だった。「こちらに来たから」とのことだった。

まもなくして、土手町拘置支所長から呼び出されて行ってみて驚いた。京町拘置支所で会った内田氏と矢野氏が懐かしそうに迎えてくれた。そして、「今日からあなたと同じ死刑囚だからよろしく」と内田氏は明るく言ったが、その表情は暗かった。

一般の社会に残務整理という習慣があるように、司法界にも秋と春頃に多く判決が出る。冤罪や誤判事件が多く社会問題として投じられるのは、司法界でも栄進や退職の整理の対象として、簡単に審理が処理されるからである。

支所長室でお茶などごちそうになり雑談していると、「収容者が多いから、君たちしばらく一緒にいてくれ。免田の房でいいだろう」と支所長に提言され、いやとは言えなくて、この日から私の独房で一緒に暮らすようになった。

二人は毎朝、聖書を読んで、祈り、それから食事をする敬虔な日々が続いた。私はキリスト教は人間の血を飲み、肉を食う宗教と教わっていたから、自分だけ先に食事をとるわけにも行かず、いやな思いで終わるのを待っていた。私が使っていた小机を三人で囲んで食事をすることはできないので、二人に譲って私は床の上で食事をした。

福岡高裁の二審裁判官はあまりにも不勉強であった

一九五一年（昭和二六年）三月一九日、福岡高等裁判所第二刑事部（白石亀裁判長、藤井寛《ひさし》、大曲壮次郎各裁判官）は私の控訴を棄却した。

判決書は、「被告人は原審第三回公判期日における裁判官の質問に対して初めて犯罪事実を否認しているが、原審第一回公判期日の冒頭陳述においては、ただ殺意を否認する外、本件犯行を自白しており、立会の弁護人も右と同様の陳述をしており」と述べているが、そのどちらの供述が正しいかについては、全然調べようとしていない。ただ「原裁判所において取り調べた証拠に現れた事実も右自白の真実性を裏付けこれを保証していることを認めることができる」としているのにすぎない。「認めることができる」根拠は示されていないのである。

また、私のアリバイに関しては、「被告人が右特殊料理店、丸駒に石村文子の客として宿泊したのは本件犯行の翌日すなわち昭和二三年十二月三十日夜から翌三十一日朝にかけてのことであることが認められるので」成立しないと述べているが「認められる」根拠は全く説明していない。いや、説明できないのである。実際、石村文子が主人に渡した毎夜の金額を担保する野田英男検事作成の石村供述調書によれば、私の一二月三〇日宿泊というのはウソであることが明瞭だからである。

高裁の裁判官は事実をいっさい考慮せず、検察側の証拠をも無視して、自分の不勉強を自ら示しているのである。「司法の遊び人」と言われても仕方があるまい。

白石裁判長が控訴棄却を言い渡し、手元の書類をまとめてそそくさと席を離れるのを見計らったように、本田弁護士が私の所に来て、「予想に反した結果が出て残念だ。すぐに上告の手続きを取るから」と言って去っていく。私は弁護士の後ろ姿に何か冷たいものを感じずにはいられない。傍聴席に視線を移すと、期待していた判決が出ずに父はタオルで涙を拭いている。その痛ましい姿に何か言って慰めねばならぬことはわかっているのだが、胸がつかえ、言葉が出ない。その場に釘付けされたようになっていた私は、看守が促しているのに気づき、身を切られるような思いで法廷を出た。

人間の面をかぶった非人間——最高裁裁判官

土手町拘置支所に帰って上告の手続きを済ませて、私は文字の勉強に毎日を過ごした。領置金が一銭もないから紙一枚、鉛筆一本買うこともできない。紙は毎日配給される散り紙三枚を、鉛筆は官から借りて勉強をした。他の収容者は差し入れも入るし、領置金を持っている者は許される範囲のものを購入できる。そのような者の生活を見ているとうらやましくもあった。けれど、私は八代にいたときの食事の悪さを思い出し、貧しくても空腹を感じずに過ごせる今はどれほど恵まれているかと思った。

上告審の通知が来てからというもの、私は日夜真実が認められることを信じ、祈る思いで過ごした。最高裁の裁判官を、国民が選んだ最高の人格者として信じて疑わなかった。けれど、最高裁の審理は憲法違反と判例違反だけを審理の対象とするという条文がある。これに適しない事件はすべて門前払いで棄却されてしまう。いかに最高裁の裁判官を人格者と信じ、彼らは絶対に不公平なことはしないと思いこんでいても、その条文に適しない限り棄却されるのである。

新刑事訴訟法が施行されて以来、最高裁で問題になった事件で、原審の判決を破棄して差し戻したものを拾ってみると、松川事件、幸浦事件、二俣事件、小島事件、八海事件、二保事件等々がある。いずれも一、二審で極刑あるいは無期の判決が言い渡されていた。

「お母さん、まだ最高裁がある!」と、面会に来た母親に金網をつかんで絶叫した八海事件の被告の劇的な姿は映画化された。

これらの事件では、清瀬一郎、正木ひろし、その他有力な弁護士の日夜を徹しての活動があり、あるいは事件そのものが著名であることによって事件の真相が広く社会に訴えられた。これら多大な努力が実り、かたくなな態度に終始していた最高裁にも新風を吹き込んだ。そしてそれは当時、最高裁長官であった田中耕太郎をして「裁判官は世間の雑音に耳を貸さず」と言明させるに至った。この言葉は一見、世間の正義を求める叫びを無視しているかのようにも受け取れるが、長官はカトリック信者。キリストが迷える民を援助するために十字架の死も苦にせず救いの道を開拓したその精神は心の隅まで染みているはず。その意味からして私は長官の言明を「裁判官は姿勢を正せ」と注意したものと受け取った。

この言明を機にするかのように、最高裁でもたついていた上述の諸事件は、「疑わしきは罰せず」の建前を受け入れ、自白の任意性がないとして原審判決を破棄、裁判のやり直しを命じた。弁護士にも恵まれ、社会的にも有志の援助を受けることができ、弁護士の努力と社会・大衆の注目が、警察・検察の酷な取り調べによって事件がでっち上げられた事実を暴露し、勝利への道を開くことができた。いわば一つの事件が疑われて原審に差し戻されると、イモヅル式に差し戻されていく。新刑事訴訟法が施行されて以来七年にしてやっと、新しい法衣を着た裁判官が、社会の要請によって、仕方なしに新しい乗り物を操作しなければならなくなった、ということに過ぎないのだが。

祈るような気持で待望した最高裁の判決は、一九五一年（昭和二六年）一二月二五日、最高裁判所第三小法廷で出された。井上登裁判長、島保、小林俊三各裁判官は、とおり一遍の門前払いで私の上告を棄却した。その理由の唯一の要点は、私の供述が、本田義男弁護人が上告理由に主張したような、「司法警察」つまり刑事たちによる拷問という「強制等による自白であることを認むべき証拠もない」ということにある。あの凄惨な拷問を、自ら調べることもしないで、この一言のもとに葬り去った最高裁の裁判官を、人間の面をかぶった非人間であるというほかに何と呼ぶべきであろうか？

ある本によると、によると、井上登裁判官は、「裁判所の事件にもくわしく部下の信望も厚かった」とある。彼は裁判官を退いてプロ野球のコミッショナーに転じた。聞くところによると、彼は以前から政界にも財界にもうけが良かったという。だからコミッショナーに任じられたのだろうが、彼が退いたあとのプロ野球を見ればよい。八百長事件が続発し、若い選手だけが責任を問われ職を奪われる。その原因をもたらした責任者は我関せずである。自分の地位を得るために部内の者の信望を求めることだけに汲々としている者はしょせん視野の狭い愚人にすぎない。

同じく小林俊二裁判官は、「是非善悪を識別する知識のことだから、まず裁判官にはこれを識別する能力が必要。自分から良心に従ったと確信していても、その時代の普遍的理論や道徳律からみてきわめてかたよった判断をすることは許されない」と言っている。このような立派な意見を述べる彼は、審理に対してもきわめて慎重であったと思う人が多いのではなかろうか。ところがさにあらず、まったく正反対で、私の経験からすれば、「論より証拠」を知らぬ二重人格者としかいえない。

また、島保裁判官は「陪審員はみなまじめで一所懸命でした。答弁も職業裁判官としてみな妥当と思われるものがほとんどだった。失敗というのはむしろ法そのものの欠点ではなかったろうか」と言っている。彼は陪審の名裁判長と言われた人物らしいが、陪審裁判時代にこれだけの情熱を傾けた者が、なぜ新法時代になって同じような情熱を傾けることができなかったのだろうかという疑問がわいてくる。

いずれにしろ現職を退いてからの感想とか意見は、自分の過去をけがしたくないというのが人情であろう

最高裁の仕組みは、裁判官の下に調査官という裁判官がいて、一審二審裁判所で判決を受けその判決に不服の者の上告理由の調査にあたる。調査官の調査に、最高裁の判決が依拠することは言うまでもない。

江戸時代に地方の大名が多くの貢ぎ物をもって参勤交代で江戸城に上がり、徳川一族に贈り物を捧げる。その貢ぎ物の多寡によって徳川幕府に対する忠誠の度合いが計られる。このルールは、文明が進み社会の構造は変わっても、盆栽の花に等しいような、あだ花ともいうべき文化の本質は、今も全く変わらない。

これと同じく最高裁も、一五名の裁判官の下に調査官がいて、上告審の書類を調べて表にいる裁判官の顔色にそった意見を出す。これを一見して、理由なし「上告棄却」ですます。

今も、最高裁にシッポを振る裁判官（調査官を含む）を「犬」と呼んでいるそうである（安部晴彦『犬になれなかった裁判官』ＮＨＫ出版、二〇〇二年刊参照）。

これで国民の税金から毎月莫大な月給をもらい、家庭に帰れば善良な夫と思われている。裁判にうとい国民に、国民審査の度に不信任の×をつける人は極めて少ない。「日本人は公の犯罪

に弱く私の犯悪に強い」と言われるとおり、江戸時代からに弾圧政治と隣保体制で心の自由意志という最も大切なものが圧殺されてきた。欧州のように多くの国が周りに存在するなら種々の思想を教わるからいいけれど、この国は周りは海で海外を全く知らない。算数で「五足す五は一〇」という答えを出すところを間違っても一向にお構いなしなのだから困る。私に対するデタラメな判決でお分かりのように。

4章　獄中で死刑制度を考える

——被害者感情という名の「敵討ち」思想による死刑制度

懊悩する無実の死刑囚

私の死刑が確定したのは一九五一年（昭和二六年）一二月二五日で、棄却決定と同日に、この決定を受けた日から一〇日以内に判決訂正の申し立てができる。今はそういう手続きをしてくれる弁護士もいるが、私の頃は、弁護士も元裁判官で、小遣い稼ぎに多くの金を取るくせに、本当の弁護はしない人が多かった。私の場合は前述したが「あれの息子は死刑になった。もう助からん」と、自分の弁護力のなさは棚において私をせめる。現在この法治国で冤罪や誤判が多いのは、国民の社会認識の薄さもさることながら、裁判官の不勉強と弁護士の金銭主義に根源がある。

同じ頃、死刑が確定した者に、年配で熊本地裁で死刑を受けた内田又雄さんと伊豆野さんがいた。私たちがいたのは福岡市内の土手町拘置支所で、ここは控訴審から上告審の被告人を全

刑場跡にある観音像。
（2003年8月撮影）

部拘置する所で、九州全土から百名近く被告人、死刑囚が来ていた。

　当時、講和恩赦が出るという噂が広がり、ことごとく無期や懲役一五年に減刑され白石裁判長係の被告人も幾人かが減刑された。私のみ控訴棄却だから、裁判所ほど真相を見分けることのできないおろかな司法殺人者はいない。先の二人は、どちらも、被害者は一人、前科があるが子供もいる。無期にして償いをすれば被害者の心もやすらぐ時が来る。しかし、この国には国民も政治家も法曹界にも島国根性で心の広さがない。これでは欧州なみに死刑廃止になる日は、いつ来るのだろうか？　人殺しを犯したから、国が家族にかわり、被害者感情を尊重するという名の「敵討ち」のために、死刑にしたとしても、本当に被害者が救済されるとは思えない。

　最高裁で死刑の宣告を受けた者は死刑台のある拘置支所に移監される決まりがあって、一九五二年明けて早々に新設の藤崎拘置区に移された。道路を隔てて隣りに三万坪ある福岡刑務所があり、周りには松林と墓地、お寺がある。敗戦後の混乱期に起きた事件の犯罪者を収容する仮拘置区が木材の香りも新しく立っていて、ここが私たちの住処である。このとき、もう一人の死刑囚、山田梅造君がすでにいた。独居房の係部長さんと身分帳を通して、聴聞が終わり、

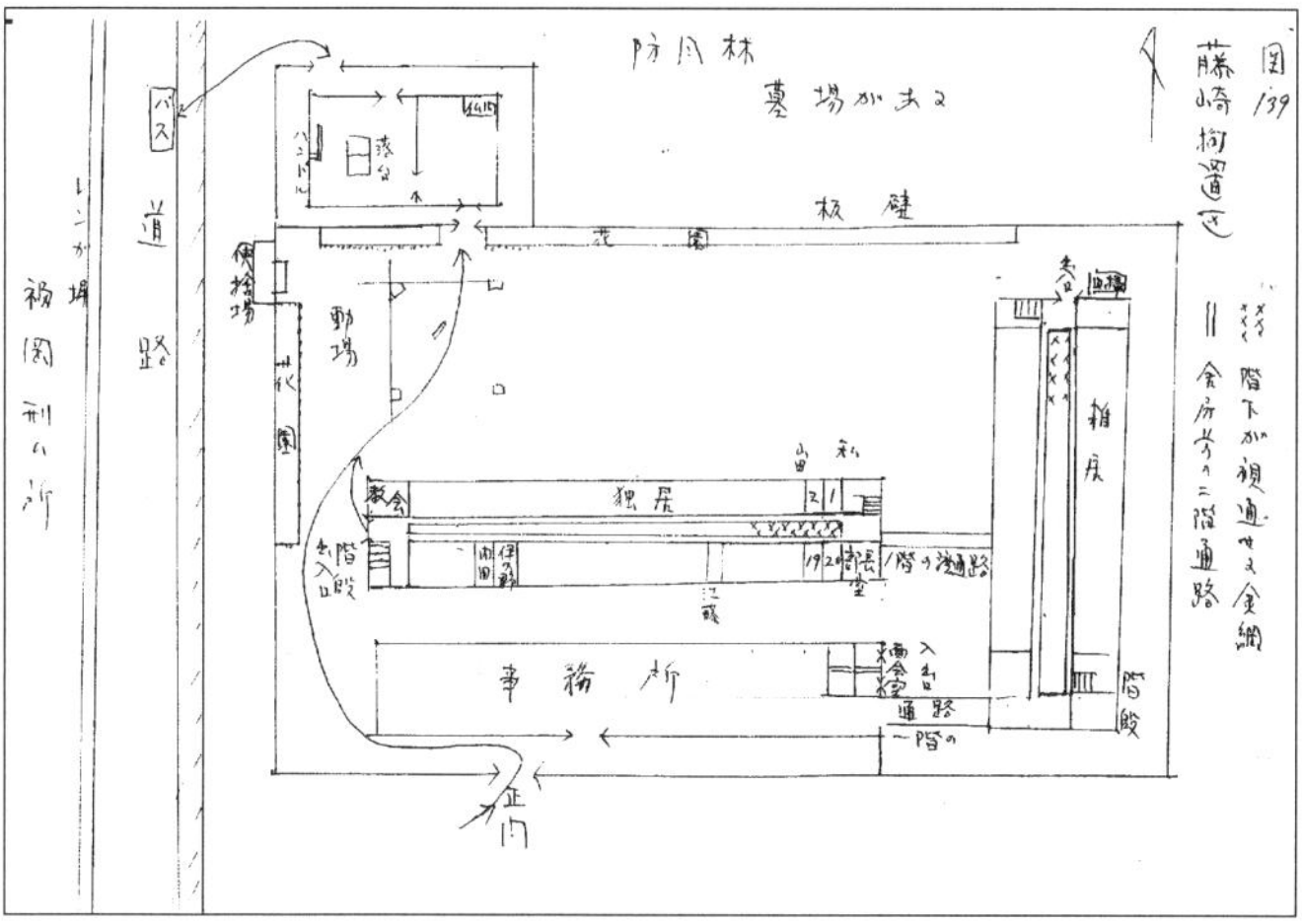

藤崎拘置区。この図の上部、板壁に沿って、免田さんが作った花壇があった。

部長室で雑談のとき、有浦部長さんが看守に山田君を連れて来させ、紹介した。それから、定められた独房に行ったが、私は山田君の隣、一房に入った。

　今この拘置区も、この隣の刑務所も変わり、福岡拘置所に新設され、刑務所は宇美の方に移って、市民の住宅が建っている。ただ刑場跡に、立体仏が、退職した元看守の手で建っている。

　当時はあたり一面、野原で、板塀の向こうに防風林が茂り、その近くでは、キツネやタヌキが出現した。拘束されている者にとっては目の保養になり、毎日朝夕、鉄窓から姿を見るのを楽しみにしていた。

堀向かいの死刑場を知る

　新しく入った藤崎拘置区は二階建てで階下は未決囚、二階は死刑囚と思想犯や、未決でも殺人犯がいた。その日の夕食後、山田君が拘置区周辺の様子や一日の日課を教えてくれた。

彼に運動場の塀向かいに刑場があることを教わって、その夜は一睡もできずに夜を明かした。

翌日朝食後、九時から有瀬部長が、死刑囚四人を運動に出し、広場を散歩し雑談されている。その間、塀の側を昨夜の寝不足の眼をこすりながら、私は一人、今までの人生を思う。、木下裁判長が笑みを含んだ顔で判決文を読み、生い立ちのところでは、声を大きくして私を見下していたその姿が、生々しく脳裏に浮かびあがる。俺は人殺しをした覚えはない。そう思っても、木下裁判長の「死刑」といった声が耳の底から泉のように湧いてくる。その不快な気持を晴らそうと大きく背伸びをし、天を見上げると、側に高い塀と刑場が目に入ってきた。

毎日同じ日課が続いた。隣房の山田君が、運動の出端《ではな》に「教誨師さんが房に来た?」と尋ねる。「来ない」といって一緒に出た。土手町拘置所にいる頃、よく教誨師さんが独房を訪ね、「家族は元気ですか? 被害者にはどう思いますか? 念仏してください」と説教もされることなく、ただ念仏を進言して帰っていた。幼い頃、よく門徒のお坊さんが家庭を訪ね、供養され、集まった人に笑顔をふるまい、話していたような親しみなど毛頭なく、死刑囚を相手にする彼には、権威だけを感じさせられた。


「君は花作りが好きか?」

拘置所には受刑者がいて、所内の掃除を毎日午後行うから、運動場は草一本ないくらいきれいにしていて、朝一番に出ると気持がよい。いつもの通り塀の側を歩いて日当たりの良いところに来ると、雑草が芽を出し、毎日寒さに凍える思いでいる生活に、春の近いことを感じながら歩く先に、一輪の花が咲いていた。

この日から二、三日は、運動に出てすぐ草花を見に行く。あたりが荒れているから、良い場所に移し、水を与えていた。この様を他の者と散歩しながら見ておられた有瀬部長がそばに来て「花作りは好きか？」と尋ねられるので、「はい」と言って部長さんの顔を見た。一緒に集まった内田さんはじめ他の二人も、めずらしい草花にかがみ込んで見ていた。

1954年か55年ころ、花園作りの合間に看守が連れて来た犬を抱き、板塀の側で撮ったもの、言葉にあらわせないぬくもりを感じた。内田、伊豆野、山田君も撮った。

翌日、部長さんが道具を持ってこられ、私は運動場の側に畳一畳敷きの花園作りにかかる。雑談をかわして見ていた三名も、受刑者の内掃人が本所の竹工場から使い残しの竹を運んで来たのを一尺くらいに切って花園の縁を作る。一ヵ月後には数十メートルある板塀の脇に花園を作り、荒れていた広場も整備してきれいな運動場ができた。教育部長の理解で花の種を購入してもらって植えた。毎日水をやり、芽を出し、花が咲くのを各自が名札を立てて待つことにした。

初めて見る処刑者

ある日、毎日わいわい雑談して板塀の側に作った花園の作業を終え、内田さんの発案で決めた、起床と同時に教誨室に集まって行う数分の祈りも終え、房に入って朝食をすまし、便器のツボを出す房内掃除も終わって運動時間が来るまで待った。

ところが隣房の山田君がコンコン壁をたたくから、裏窓に出て「何か用？」と問うた。「今日、ある」というから、刑場の入り口に注目していると、間もなく入り口が開き、そこから出る看守や道具を持って入る者がいる。そのとき、山田君の独房が開く音がして、すぐ私は机の前に座った。

まもなく、私の舎房の戸も開いて、看守が「部長さんが教誨室に来るよう呼んでいる」と知らせたから、教誨室に山田君と入った。この頃昇給する噂が出ている有瀬部長が内田、伊豆野、山田、私の四名を前にして「今日は大変気の毒なことではあるが、君たちと同じ立場の者が召される。共に祈ろう」と言ってテーブルの上に両手を合わせ頭を下げられた。一緒に祈っている間に、山田君が嗚咽し、両手で目頭をふく。私は怖く、鳥肌が立って震えた。

内田さんが「誰も一度は迎えることだ」と頭を下げたままの姿勢で言った。ふとその言葉に、私が警察に連行された後に死去した私の娘、八千世が脳裏に浮かんで消えた。警察が毎日来て、私が人殺しだと家族を責める。このために汚れの子は放置しろと、寒夜に庭に放置したという。私の家族は非常識であるが、警察も名誉と自分の生活のためには他人の犠牲など省みない。怖かった。でも皆が祈っている。本当に今日、処刑されるのだろうか。本当だろうか。一緒に暮らした今では、彼らは誰より親しい者ばかりだ。

毎日負わされている死の恐怖からなんとしても解かれたい思いの私は、死刑囚が刑場に送られる姿を教誨室から目の当たりに見せられる恐怖の日を迎えたのである。内田、伊豆野さんは落ち着きを見せていたが内心のほどは分からない。山田はいつもは聖句を唱えて明るくふるまっているが、今日は堪えられず涙が頬を伝って、感極まって泣き出した。私は教誨室の鉄格子を通し刑場入り口に間近に現れる死刑囚の姿を思い心を痛めながら待った。

まもなく、教誨室の鉄窓が騒々しくなる。頭をあげ、鉄窓から見ると、看守長を先頭に数人の看守に囲まれ前手錠した若い男が鉄格子の下を運動場を横切っていく。この姿を見た三人は机に身を投げ出すようにして祈り始める。その声は泣いていた。色模様の衣装を着て線香の香りを漂わせ、お経を唱えながら死刑囚と一緒に刑場に消えていった坊さんの姿がいやに心に焼きついてどうしようもない。

私は耐えられなくなり、「房に帰ります」と言って教誨室を出る。二階の階段をかけ上がり、房に入り、机に身を伏して泣いた。

おれは、お寺の坊主が憎い

幾時間、経過しただろう。「配食用意」という声に身体を起こし食事を受け取る。洗面所で顔を洗い、顔をふきながら、刑場を見た。

入り口の戸は開いたまま、看守の出入りは続いている。その様子を見守り、先のことを思いながら、立ちすくんでいた。隣房の山田君もこそこそ物音をさせて窓を開け「あーあー、俺にも近く来るかなー」とため息をつくように言うから、「怖いね」と私が言った。山田君は、「いたのー？　仕方ない。俺はお寺の坊主が憎い。あいつが悪いから、こんな身になった」と叫んだ。

彼はお寺の手伝いに妹を出していた。この妹に心の教育者であるはずの坊さんが、年甲斐もなく夜な夜な這って来て、みだらなことをする。妹から事情を聞いて、彼は坊さんに何回もやめるように頼みに行った。けれども、一度享楽に染まった者に反省はなく、聞き入れようとしない。妹かわいさのあまり、最後に逆上して起こした事件だった。坊主という社会的立場を理解し、本人が職を忘れなければ、山田君も逆上し、坊主の家族はもとより、「兄さん、何をするの」と言って止めようとした妹まで殺すことはなかったのである。山田君は毎日、手に妹の脳のにおいがついていると言って手を洗っていた。

事情は違って、私も旅館「丸駒」に泊まりさえしなければ、刑事が職権を乱用する売春界の闇商売を知ることもない。おのれの悪行を世に知らせないためには国民の一人や二人、犠牲にしてもかまわない。田中耕太郎長官の教訓が浸透しているから、何をいっても、やっても反省も罪の意識も戒める法律もない。私は連中の無法な仕打ちで殺人犯に仕立てあげられ、検事も裁判官も弁護士までもが仲間入りして、死刑囚にされてしまった。

この連中が公務を怠慢にしたあげく、私を死刑にしようとしても、私は受けるわけにはいかない。

いろいろと考え込んだあげく錯乱し、房内であばれ、驚いて戸を開けた看守に暴言を発し、机や夜具を投げつけた。

無実の人間が懲罰にかけられた

看守は非常ベルを押し、警備隊が駆けつけて房から引き出され、保安課に連行された。私服を脱がされ青衣を着せられ、腰に鎖の帯が巻かれ、両手は手錠に固定される。この日から同じ房が懲罰用に変更された。

房の戸には赤札がかかり、誰も近づくことはできない。運動も風呂も許可されない。房内では、入り口の方を向いて座り、壁にもたれることも足を伸ばすことも許されない。用を足すのも、手錠のままで始末しなければならない。一日に二度、保安の警備隊が来て、房内を調べ、手錠が確かに固定しているか荒々しく調べ「よし、済んだ。静かにしとけよ」と言って帰る。

厳しい寒さもとけ、小春日和の広場で、みんなが元気な声を発し運動している様子を、鉄窓を離れたところから見てうらめしく思い、いつ解けるか分からない両手を固定している冷たい金具を一日幾度もながめ、つまらない行為を悔いた。

懲罰に入ってから幾日か経過した頃、今まで時々、窓の金網に来てすぐ去っていた雀が、今日は金網に止まり、房内の様子をうかがって、チュッチュッ鳴きながら去らない。毎日犬が食べるようにして食べる食事を、退屈しのぎに少し口にふくんで鉄窓あたりにおいて、雀が来るのを期待した。

そのとき、房が開いて「部長さんが呼んでいる」と係り看守が知らせたから、すぐ前にある部長室に入ると庶務の幹部が二人、係りの部長と待っていた。いやな感じを察しながら幹部の前にある椅子に腰をかけた。机には私の身分帳があり、それをめくりながら
「上告棄却はいつだった?」

「昨年一二月二五日と思います。」

「昨年? 昭和二六年一二月二五日だね?」と念を押すように言って、例の看守に小声で何か言った。なおも身分帳をめくり調べ、私の顔をしばらく上下に見て
「今、懲罰中だね。よし分かった。静かにしとけ」

と言って、係りの看守を呼んで私を渡して帰った。

房に入り、今の幹部の言動と思考が気になり、立ったまま暫く思案していると、看守が房を開け「何を聞かれた?」と尋ねたから、「上告棄却日です」と答えた。看守は黙って房を閉めた。後日、なぜこういう質問をされたかが分かった。法務省は処刑に備えて、死刑確定者の身分帳を形式的に調べ、毎年、拘置所から報告させるか、あるいは下調べに来る。この場合、裁判の内容は問わない。確定したという事実だけで十分なのだ。

この事情を誰に相談することもなく、房に入っていつものとおり座って、落ち着かぬ様子でいた。そこに房が開く音がして雀は去り、私の前に現れたのは毎日収容者の仮治療のために、受刑者に治療箱を持たせて舎内を回っている有田看守だった。

私を見るなり、「早く解かれんと不便だね」と言って房内を見回し、「お前も今度は自由がいかに大切か分かったろう。そのかわり、責任が大きいぞ」と言って私の側に腰をかがめ、「分かるか?」と言って、両手を肩にかけ、ゆすった。私は熱い心遣いに頷くことしかできなかった。

有田看守は九州帝大（現九州大学）法学部に在学中に学徒動員で大陸に渡り、敗戦で引き揚げて刑務官に就職し、医務係で収容者の軽いけがを治療し、全房を回っていた。この看守に大変なお世話になる運命がめぐってくるとは、このときは分からなかった。

懲罰に入って数十日経過した日に、内田さんが係り看守と来て、房を開けて「呼ばれたろう?」と聞くから「上告棄却日です」と答えた。「君には黙っていたが、潮谷総一郎先生とお父さんに手紙を出しておいた」と言った。土手町拘置所にいた頃、先生は一度か二度会って帰り際に、「便りを下さい」と言われ、その後幾度か、私が事件に関わりないことを書いて出したが返事が来なかった。

内田さんは手錠姿の私を見ながら「今日、面白い外人の教誨師さんが来る。出ないか」と言って、私の顔を見た。その眼は私に向かってさとすように感じられた。この頃、「外人は血を吸う」と聞いていたから、いやな感じがしたが、「出ましょうか」と答えた。

当時は占領軍の民主政策の時代で、ハガキ一枚でMPが駆けつけ実情を調べる時代で、小事は現場処理ですました。私はすぐ部長室に呼ばれ、有瀬部長に代わり堀川部長の忠告を聞いて手錠がはずされ、私服に着替えて、房に帰る。二ヵ月ぶりに開放感を味わい、投げ出すよう横になる。そして午後の教誨に出た。

「死ぬ事は簡単ですが、生きることは難しい」

デロリー神父は毎土曜日、大きなバッグを提げて教誨へ来られる。そこには祈祷書二冊、バッグの大きさと中身の大きさが釣り合わぬから尋ねてみた。神父さんは、「よくお尋ね下さいました。私は向こうの死刑囚の方がたばこが欲しいと求めるのでバッグにいっぱい持っていき分けてやっています。こちらのみなさん、そんなことないから助かります」と両手で身振りを交えて説明する。私も内田氏も開いた口がふさがらず、驚く。たばこは反則の対象になるので、重ねて尋ねると「私だからできます。他の方はできません。反則であるのはわかりますが、か

神父から話を聞く。右端が免田さん

わいそうです」とじっと目を閉じてから言った。

「私は死刑囚の方を刑場に送りました。みな信仰を持って去ります。執行が終わって十字架を取ろうとしてもしっかり持っていて解けません。でも、なかには逝きたくないと泣き、ダダをこねる人もいて、役人の方、大変困り、仕方ないから腰に活を入れ引きずって綱にかけます。日本では死刑が法律で決めてありますから役人は任務を実行する義務があり、仕方ないことです。あるときは綱が切れて大変になり、でもその綱を役人の方が引いて息が絶えるまで持っておられました。この様子をたびたび見ている私は、みなさん、本当にかわいそうです。法務大臣にも知人がいてお願いしましたがだめです。ですから信仰をしっかり持ってください」。神学博士で、戦時中にスパイ容疑で軍の刑務所に数年、服役していたという。非常に激情家で信念を貫かれる闘志があった。

日本語のうまいデロリー神父とウイキリンソンという二人の宣教師のユーモアたっぷりの話に忘れていた笑いを取り戻した。

教誨が終わったあと、帰り際に「皆さん、死ぬことは簡単ですが、生きることは難しい。隣りの方は（隣の福岡刑務所内に西舎と北舎に旧法の死刑確定者が収容されていた）再審を請求して五年も一〇年も生きておられる。皆さんも再審を請求して長く生きて下さい」と話された。神父さんのこの言葉は私に希望を蘇らせた。私はこの再審という法の続きがあることを教わって、今まで落ち込んでいた心に活気がわいた。私もやろう、再審をやらぬといつ殺されるか分からないと思った。

刑務所には、収容者のために相談する者がいることを聞いていた。再審の件で面接をしたいと願い出たが、所長が「死刑囚は静かに処刑の日を待つこと」を建前に、会わせてくれない。「刑務所の確定死刑囚には再審活動を許し、拘置所の者には再審を許さんことは不公平だ」と言うと、これが暴言だと決めつけられて懲罰をくらい、毎日落ちつかぬ日を過ごした。

「死のかげの谷をあゆむとも禍害《わざわい》をおそれじ、なんじ我とともに在《いま》せばなり」

ある日、チラシが一枚入ったので、何気なく取って読んだ。ガリバン刷りで、かすれた文章のなかほどに二行半ほど読める所がある。そこには、「死のかげの谷をあゆむとも禍害《わざわい》を恐れじ、なんじ我とともに在《いま》せばなり、なんじの咎《むち》となんじの杖《つえ》われを慰《なぐさ》む」と記してある。この文句が自分の立場に似ている、何か別の世界に尊いものがある。その諭しだと思い、苦行に入った。そして数日、寝食も忘れて通し、得たものは言葉に言い現すことのできない心界の世で、このとき、死の恐怖を乗り越えた。

そして「自分がやれることは、やってしまおう」と思った。そして再審手続きを学びたいから六法全書を貸して下さい、と改めて願い出た。だが、一度不許可にしたことで現場が面子にこだわり相手にならない。ちょうどこの頃、職員の配置換えがあった。医務担当で巡回治療していた有田看守が、死刑囚係に来たのである。「君がそんなに再審を請求したければ、仲介してやるから」と言って、一二時から一時まで、この休み時間のみ廊下向かいに入っている江藤徹さんに相談することを頼んでもらった。

金もない、弁護士もない、しかし再審請求だけは

この日から毎日江藤さんの独房に入り、小机を前に再審の手続き指導を受け、夜は自分の房で一日五枚配給があるチリ紙に、再審に必要な事件顛末書の下書きをした。

事件顛末書は、自分の生い立ちから現在に至るまですべて綴る必要がある。この作業がこのときになったのは、金がなく罫紙や便箋を求めることができなかったからだ。この事情を知った友人の被告人たちが援助してくれ、このとき初めて一審から上告までの自選弁護士で、金は

とるが弁護活動をしない本田弁護士から裁判記録を五千円で分けてもらった。そして日夜とおしてこの記録を読み、この裁判は裁判官の公務怠慢で私を死刑処分としていることがよく分り、暗い独房住まいに一線の光を見て勇気がわく。

当時、刑事訴訟法は、一九四九年一月一日に施行された新法になっていた。証拠主義を掲げるこの新法では、「被告人は、公判廷における自白であると否とを問わず、その自白が自己に不利益な唯一の証拠である場合には、有罪とされない」（第三一九条第二項）と規定されていた。この新法で再審請求を求める者は私が初めてであった。この国の裁判は天皇の名で行われるのだから、かつては再審請求する者は天皇に対する不敬の非国民であり、絶対に司法界は認めない問題だったと聞いている。その再審をはじめた私に、戦前からの古参者が「免田、再審が許される時代が来てよかったね」と言ってくれた。

この頃に再審の条件を知るが、私には金もない、弁護士もいない。再審請求に対して、裁判所が、民主社会で法治国の立場でどう対処するのか？　人間としてすぐに裁判記録をひもとくのか、それとも「開かずの門」で処理してしまうのか。

死刑確定後、静かな生活をしていたら、処刑の条件となっている「心情の安定」があると見なされ処刑されてしまう。私は以下のような再審請求書をはじめて提出した。

「再審請求書

本籍・住所（略）　請求人・免田栄

右の者に対する住居侵入強盗殺人同未遂事件について昭和二十六年十二月二十五日に最高裁判所における上告棄却を受けましたが、その決定が不服でありますので、刑事訴訟法第四百三十五条により再審請求を申し立てます。

昭和二十七年三月二十日

福岡拘置所在監者・免田栄

熊本地方裁判所八代支部御中

なお、証拠書類は後日提出します。」

こうでもしないと処刑の呼び出しがいつ来るか分からない。再審請求の棄却通知が来ると、その日か翌日に、次の再審請求を提出する準備を怠らなかった。

四月、この第一回目の再審請求は書類不備の理由で棄却される。法律は厳しい。そして血も涙もない。再審請求人は拘置されている。証拠を準備する方法がないのに、書類不備という理由で一方的に事実調べもなく棄却とは納得できない。すぐに福岡高裁に二回目の再審請求を、江藤さんに下書きをしてもらい、一部証拠書類をそろえて提出した。そして上申書を、警察の取り調べを中心に書いて提出する準備に入った。八代支部の再審棄却に対し、福岡高裁に再び同じ理由で、再審の申し立てを提出した。この頃は即時抗告とか特別抗告のルールを知らなかった。

結果を待ちながら、花作りや野菜作りをする。バックネットなど皆と一緒に作って、毎日、

永井隆神父の書
「しらゆりの花より香り立つごとく」

被告もまじえて健康管理の運動をした。

この頃、内田さんはクリスチャンの立場から、信仰生活をはじめた。東京裁判で東条英機の通訳をされたモーア宣教師は福岡市中央区に新生会館を建て伝道活動をされ、毎週火曜日に教誨に参られ、指導してくれた。時折、皆と一緒に野球をしたり、花園を見て廻り、野球道具や花の肥料など入れてくださった。四季に花の咲くこの拘置所の庭の塀一重むこうには刑場があったのである。

けれど、私は再審手続きに明け暮れる日々で、三度の食事は麦米の半々の食事でも衣類を買う余裕がない。

この頃、長崎の鐘で有名な永井隆先生をはじめ、多くの方と文通伝道をはじめる一方で確定判決に不服で内田さんは再審をはじめる。

5章　刑場に消えた人々

死刑制度を再考せよ

以下は、私の獄中において接した人たちの運命である。

一九五二年（昭和二七年）四月二〇日　山田梅造君

山田君は仏教を信仰していたが内田さんによってキリスト教に導かれた。信仰を確実に得るまで処刑の期間を猶予していただくようにという出願をした。法律は利益のために有効に使用せねばならぬ。しかしこれは新法下で初めてのケースで佐賀地方裁判所から裁判官二名が本人に会いに来た。本人も喜んだ。その後、日々信仰も成長し「健康なる者は医者を要せず、病ある者のみ要す」「人は灯をともし升の下に置かず燭台に置くなり」と言い、運動のとき、教誨のとき、道具の始末、掃除など率先してやった。

いつも九時の入浴が、その日は八時過ぎに入れた。壁一枚を境に湯船が両方にあり、二人ずつ四人が入る。山田君と私、内田さんと伊豆野さんと入っているとき、山田君が急に「俺は昨晩よい夢を見たよ。芝が限りなく生え、桜が咲き、菜種が咲き、蝶が無数飛んでいるところで思いっきり遊んだ。本当にすばらしかった」と言う。

今日は何かある予感を持っていた私はピンときたから「来世にはあるよ」と返事をした。黙っていたら、山田君が感じているか分からないが、私の心配をよそに隣の二人のところに行って夢の話をして騒いでいる。

この様子を見ていた看守部長と看守が「騒ぐなよ」と注意した。その顔にはいつもと違い焦りが感じられた。注意されるとすぐ文句を言っていた彼が、黙って湯船に入り、体を洗い、一足先にあがるときに、「今日は俺の番だよ、元気で」と言い残し、湯気の立つからだで階段を上がり、消えた。

内田さんが顔を出し「山田君が召されるぞ」と教えてくれた。「昨日、部長さんが案じて来られた」と言うから、ふーんと思い、信仰の厚い日頃の行状から内田さんは信用があるんだなあと思った。そして早々と階段を駆け登り舎房に帰った。

衣類を着て間もなく、物音一つしない静けさがきた。鉄窓から刑場を見ると板壁の隙間に激しく人の往来する姿が見える。

山田君も逝くかと自分にも焦りが起きて、読んだこともない聖書を降ろし、読みやすい文章の連なる文面を落ち着かぬままに読んでいく。いつか読んだことのある「死のかげの谷をあゆむとも禍害《わざわい》を恐れじ、なんじ我とともに在《いま》せばなり、なんじの笞《むち》となんじの杖《つえ》われを慰《なぐさ》む　なんじわが仇《あだ》のまえに筵《えん》をもうけわが首《こうべ》にあぶらをそそぎたまう」という聖句に行き当たり、ほう、これはと思って最初にめくり返すとそこに詩篇ダビデの詩と記してあった。そうか、いつかの文章は聖書の言葉なのか、死の恐怖に戦き狂気した自分を今まで育て支えていたものはと、感動して繰り返し読んでいたとき、この静けさを数人の靴音に壊された。

独房前の廊下を通り、私の一つ隣房にいる山田君の戸がガチャンと音を響かせ開いた。この一瞬は表現のしようがない。動悸をおさえ耳を澄ます。死を間際にしたとは思えない明るい山田君の声が走って、間もなく向かいの部長室に角教育部長と一緒に入るのを、私は視察口から覗いた。数人の看守も後に従う。

そしてしばらくして部長室から現れた山田君の顔はいつもの明るい笑顔であった。彼は最初に私の房の前に来て、「元気でね。お世話になった」と言い、八寸角の食器口から手を入れて握手を求めた。私は返す言葉もなく、その手を握り返した。こうして内田さんや伊豆野さんとも別れを交わし、運動場を通り刑場の入り口で振り返り、私に手錠の手を上げて笑顔を見せて消えた。彼はキリスト信者で聖書に「天国には住家多し」とある聖句を残した。

その翌日、最後の会をした内海牧師が教誨にきて山田君の信仰の証を話した。山田君は私たちと一緒になった頃、法に定められた確定から執行まで六ヵ月という期間を満たし、再審請求で四ヵ月の猶予が与えられた後の執行であった。確定が私より二ヵ月早い伊豆野、内田さんは「今度は私たちの番です。よろしく」と牧師に言う。それをそばで聞いている私は耐えきれない思いだ。心は再審に走る。郷里からも潮谷先生からも証拠・証人についても何の通知もない。牧師の話し中も、心は一二月二九日の夕刻の行動に関わる一人一人を追っていた。

毎日気分が重い。そんなある日、角教育部長が私を呼びだした。大柄でどこか温情を感じさせる人である。黒表紙の書類を開き、一審の判決謄本を見て事件の内容に触れられた。私は、「書類にはいろいろ書いてありますが、私には関係ありません」と言った。「なにも証拠はないね」と疑い深く覗かれる。そして「現在どんな生活をしている」と問われるから、「再審を準備していますが、金もなく郷里から便りも来ませんから困っています」と素直に申し上げた。ところが部長から「頑張りなさい。私も手伝ってやる」と、思いがけない優しい言葉が返ってきて一瞬驚いた。嘘の裁判をして自由を奪い、死刑を負わせて刑場に引き立てる役人がと疑い、まじまじと部長の顔を見た。こんな私の態度にもかかまわず「健康に注意しなさい」と言われた。

それから二、三日後、新しい係り部長になった堀川氏を通し、罫紙数冊、鉛筆、石けん、タオルなどをもらった。本当にうれしかった。日頃貧しい身なりをし、入浴や運動に使うタオルも持たなかった私が急に新しいものを身につけているから「ヤア、いいね」とか「面会で差し入れかい」とか、あるいは「(煙草)何本で買った」とまで意地悪く言う。物資のないときだから人それぞれ見方が違って、人の身なりにまでよく気がつき、舎内での噂も早い。

一九五二年六月二一日　伊豆野由夫さん

運動はボール蹴りかキャッチボールである。冗談を飛ばしながら一時楽しむ。けれどこの日に限り内田、伊豆野さんが地面に腰を下ろし話し込んで動かない。仕方ないから運動係の看守とキャッチボールをしていたら伊豆野氏さんが呼ぶ。

「免田、俺は二、三日のうちに処刑されるぞ」とぶっきらぼうに言うので私は冗談だろうと答

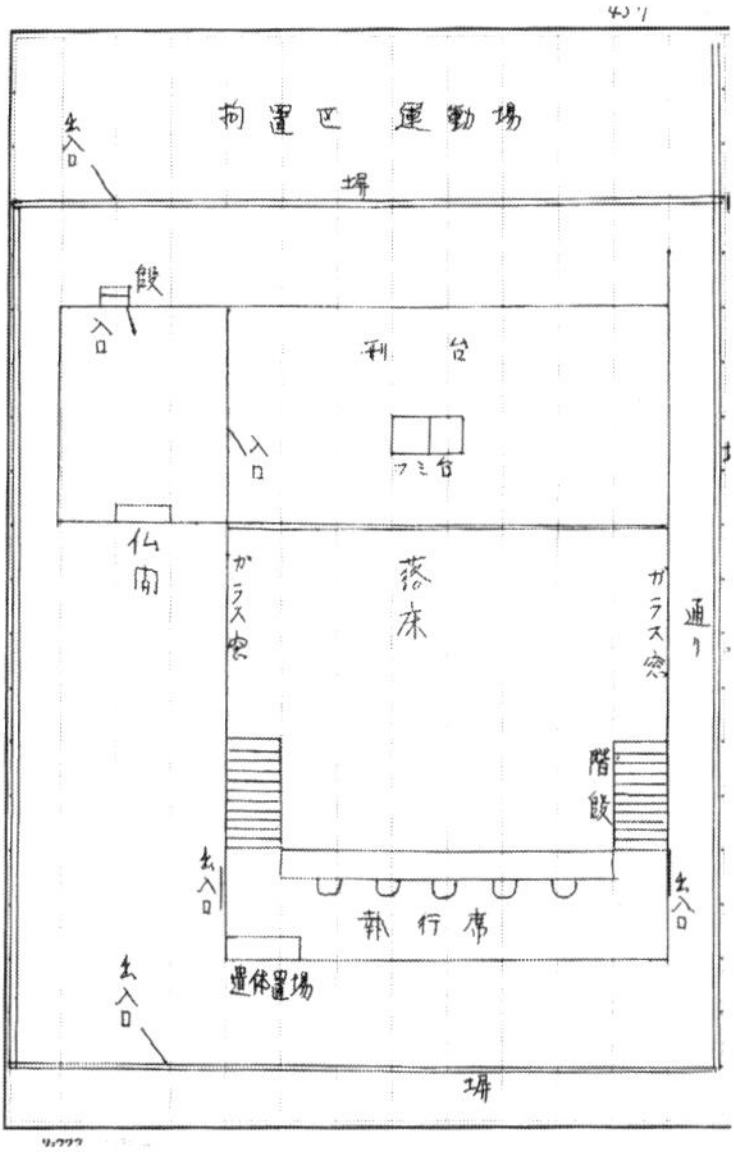

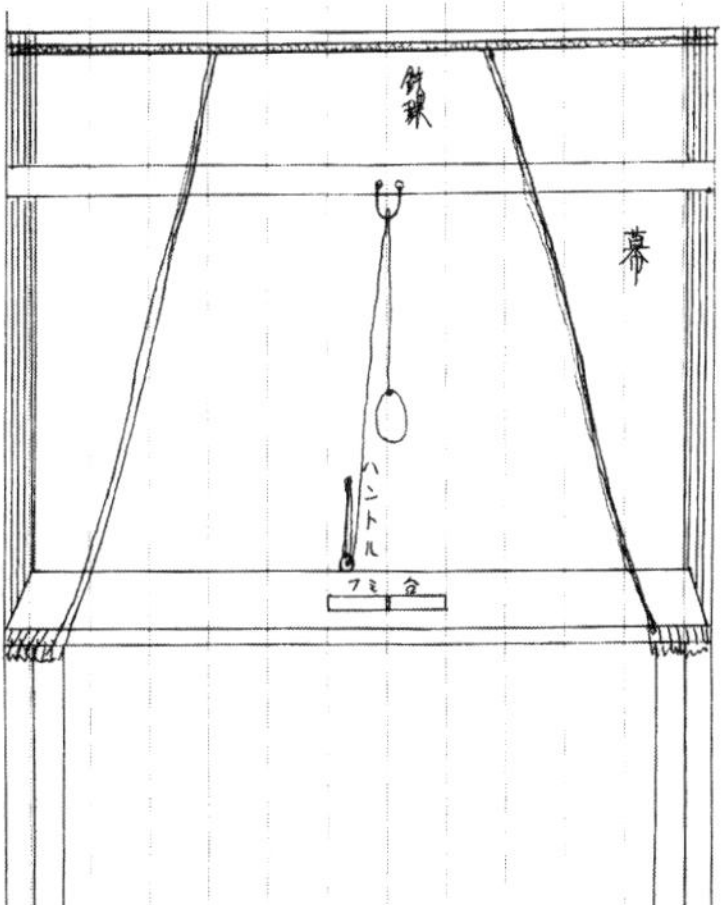

えた。「本当だ」と言う内田さんの顔を見て急に腰の力が抜けてその場に座り込んだ。この様子を見た伊豆野さんが「元気を出さんか」と尻を叩いた。

笑いながら二人で残される家族のことを話し合っている。いつか面会に来られたとき、私にも会ってくださった小さい子どもを連れた美しい婦人の顔が浮かんで耐えられぬ思いがする。そして、法の恐ろしさを再び自覚する。

その二日目に数人の看守が来て伊豆野さんを連れだした。伊豆野さんは私と西郷里君の所に来て「今日行くから健康に注意し最後までがんばれ」と言い、食器口から握手を求めた。伊豆野さんは握り返した手を強く握った。

土手町拘置支所で三畳の独房で一緒に暮らし、良き兄として慕っていた私の心の痛みは消えない。

この年の五月に、彼の再審請求が理由なく棄却されている。この裁判長が私の一審裁判で陪席をした立山潮彦氏だった。棄却するなら、決定前に意見の一言を聞くくらいの配慮は、人が人を裁くならあるべきだと思うが、それがなかった。

確定後、恩赦願いも出したが間もなく棄却通知を庶務課長に告げられる。そのとき、「二、三日のうちに処刑するから準備しろ」と言われたという。この事実を聞いて、彼の心情を思いくるおしくなり、その反面こんなことで殺されてはならぬという闘争心が甦った。彼を最後まで気づかっていた内海牧師が翌日教誨に来られて、祈りの後に信仰の証をされた。残された二人を覆う言いしれぬ寂しさを吹き去る励ましになった。

一九五二年九月二〇日　西郷里辰巳君

私の死刑確定は一九五一年（昭和二六年）一二月二五日でその翌五二年七月に福岡刑務所教育部は郷里の門徒明覚寺に処刑通告を促し、火葬代の請求をし

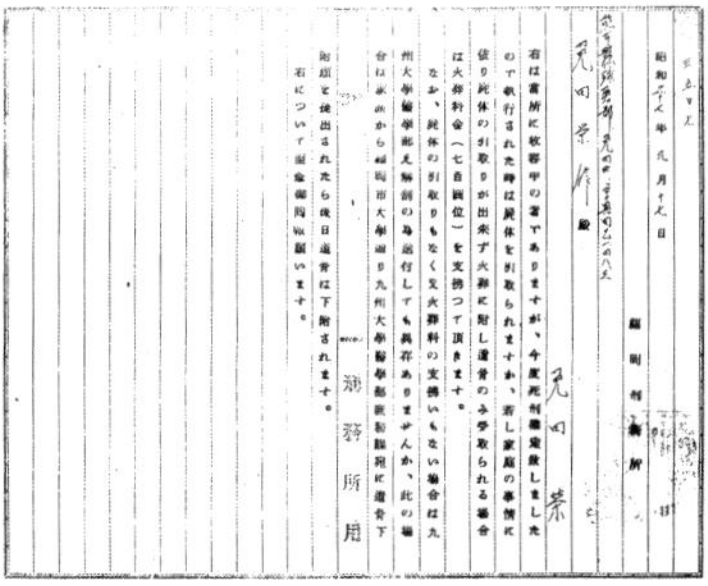

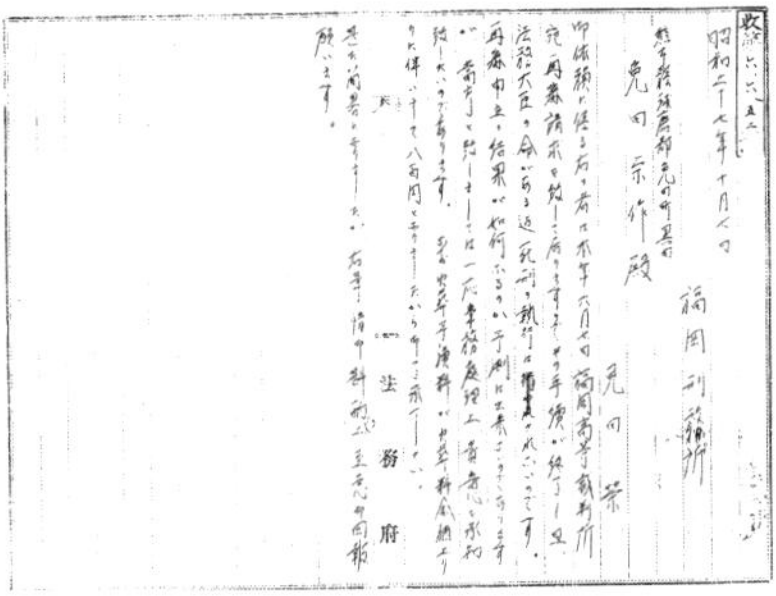

上は昭和27年9月17日　　福岡刑務所

免田栄作殿

免田栄

右は当所に収容中の者でありますが、今度死刑確定いたしましたので執行された時は屍体を引取られますか、若し家庭の事情に依り屍体の引取りが出来ず火葬に附し遺骨のみ受取られる場合は火葬料金（七百圓位）を支払って頂きます。／なお、屍体の引取りもなく又火葬料の支払いもない場合は九州大学医学部え解剖の為送付しても依存ありませんか、此の場合は家族から福岡市大学通り九州大学医学部庶務課宛に遺骨下附願いを提出されたら後日遺骨は下附されます。／右について至急御回報願います。

下は昭和27年10月7日　　福岡刑務所

免田栄作殿

免田栄

御依頼に係る右の者は本年六月七日福岡高等裁判所宛再審請求を致して居りますのでその手続が終了し且、法務大臣の命がある迄死刑の執行はされないのです。再審申立の結果が如何なるのか予測は出来ないのでありますが、当庁と致しましては一応事務処理上、貴意を承知いたしたいのであります。なお火葬手続料が火葬料金値上りに伴いまして八百円となりましたからご了承下さい。／甚だ簡略になりましたが、右事情御斟酌の上至急御回報願います。

ている。
さらに五二年一〇月に「本人が再審請求を提出したので、その結果を待っている」と言い、火葬料金が七百円から八百円に値上げとなった旨を知らせている。
刑務所が、確定という事実にこだわり、私の全く知らぬ間にこの処分手続きを任せていたことを知り、人が人を裁くことの怖さを改めて思う。

死刑が確定して来た西郷里君が、確定判決に不服で再審の相談に来た。子供の頃に囲炉裏に落ちて右手を火傷し、親指と人差し指のほかは利かない。不自由な身体で重い銃を持って犯行ができるだろうか。私も全く関わりない所にある鉈が凶器にされている。疑って問いただすと、嫁ぎ先に母に連れられて来ていることなど複雑な家庭の事情が分かる。裁判所は「不具をひがみ世間の同情を逆恨みし」計画的に強盗殺人を犯したと決めつけている。皆楽しんで野球をしている脇で淋しく見ている姿に、疑いは深まり、再審手続きを進言したが、拘置所が急に彼を本所（福岡刑務所）に移し、間もなく処刑された。

一九五二年九月二〇日　内野実君
彼も確定判決に不服で、年配の内田さんに相談し、社会の理解ある方の支援を得て再審手続きをしていたが、その最中に本所に移され急に処刑された。この暗黒のやり方に職権の乱用がささやかれる。

五二年一〇月、最高裁で私の再審が棄却されて困ってしまった。再審請求に上訴権があることがわからず、江藤さんと相談の上、もう一度高裁へ出すことにした。しかし困ったことに領置金が一銭もないのである。潮谷先生から恵まれた五〇〇円は使い果たした。親兄弟からも見捨てられ金も便りも来ない。この頃潮谷先生から日用品代五〇〇円と罫紙などが郵送されて、生命の灯がまた与えられたことに感謝する。

福岡に秋の台風期が来た。風が強いのか塀が弱いのか、ある朝起きると運動場の塀が全部倒れ、シャバが丸見えになっている。墓場には近所の人が集まり、鉄窓から覗いている我々を見て笑っている。人間、ここまで堕ちたら動物園に等しい。この日運動は中止となり、午後営繕係が修復に携わり夕暮れときには元の塀が建った。

真犯人がいたのに無実の人間が処刑される

死刑確定囚も講和条約の締結に伴う恩赦に浴されるという噂があった。内々にその達しを法務省が出し、各自に所長が知らせたという。

その数日後に、旧法の確定者で、本所にいる者は毎日処刑が実行され一日に二人、あるいは一週間に七名も行われた。六五頁の図に示す各通路で刑場に連行された者を、刑務所と藤崎拘置区の中ほどを通る道路にバスを止め、刑場の裏口から入れて処刑する。このために一般の人が多く集まって見物する。たいへん「開放的」な処刑がこの頃行われていた。この処刑で旧法の確定者は、ほとんどいなくなり、再審中の者が残っているという噂が伝わった。

私は一九五三年二月に再び再審申立を提出する。再審が棄却されるたびに身に危険が迫る。いろいろな噂が伝わってくるなかで、日頃からよく心遣いのある有崎看守が「免田、医務に身分帳が来ていたぞ」と知らせてくれた。死刑囚の身分帳は庶務にある。そして年に二度くらい所内の各課長に回覧され生活状態が調べられて意見が会議に出される。意見の重要性は保安、教育、医務が握り、ほかの課は同意に回る。処刑の下調べ報告は刑務所長から出される場合と、法務省から調べに来る二つの方法があり、その頃は法務省から来た調査官に報告された者が六ヵ月以内に処刑されていた。私の身分帳が医務に回っていたことは健康状態が調べられていることである。真に危険が迫っていることが歴然としている。毎日、気持ちは焦ってまとまった対策が浮かんでこない。

この頃、内田又雄さんはカルバリ会の指導者として全国に名が通り、キリスト教関係者から処刑延期の願書が法務大臣に出されていた。その一方で裁判資料を閲覧して証拠を集めて再審を申立て、熊本地方裁判所で審理中であった。私も裁判資料の閲覧を願い出たが、検察庁から不許可の知らせが入り、理由を尋ねても教えない。この頃から病める巨象は私への妨害を開始する。

一九五三年（昭和二八年）九月一六日　坂本登君

藤崎拘置区に来て約一年、所内の環境にもなじみ、運動中にも目の保養になるものはないかといろいろ考えた末、塀側に放置してある菊が一本目に入り、この脇芽を移植し、角教育部長に面接して花種を入れてもらって塀側に蒔いた。初夏には見事に咲いて運動に出る者は喜んで思い思いに房に飾っていた。

こんなほほえましい空気の中でも死刑囚には日々死の宣告は迫り、新法で確定した者は容赦なく六ヵ月以内に処刑されるために、本所の者が藤崎拘置支区の運動場を横切り、刑場に去った。そして当時最も話題を残した坂本登君の処刑の日が来た。

坂本君は「満州」で生まれ、一七歳のとき敗戦を迎え、引き揚げの途中、両親と死別し、弟妹二人を連れて、福岡の伯父さんの所に落ち着いた。兄として弟妹の面倒を見る責任があり、仕事を捜していた。このとき、古屋という人物の「仕事を捜してやる」との甘い言葉に乗り、付いていく。男は「私物を持ってくるから待っていろ」と言い残し、ある家に入っていく。しばらくして出てきてから一緒に町へ遊びに行った。翌日の新聞で、殺人事件の共犯者となっていることを知った。目撃者がいて、彼は手配網に入っていたのである。古屋は逃げ、坂本君は犯人とされ、裁判で幾度か無罪を請願したのに裁判官が聞き入れず、死刑が確定した。

彼は大野牧師の指導でキリスト教の信者になり性格も明るかった。その彼が看守と一緒に来て私に再審の相談を持ちかけ、事件の実情を話した。最初はまさかと思っていたが、書類を読むと疑わしい問題が多数ある。私も同じ警察のやり口でこの身の上になっているからあり得ることだと思う。だから彼に自分の再審請求の下書きを見せて再審を促した。しかし再審は難しい。日本人は政治家、宗教家、役人はこの世の中で一番優れたものだと尊敬している。特に司法官は抜きんでて信頼が厚く、これらのしたことに間違いがあるとは夢にも思わない。だから確定は間違っていたと言っても国民から嘲笑される。信用がない、金がない、支援者がいない。彼も大変悩んでいた。そしてある日、「もう再審はやめたばい」と言って、間もなく処刑された。

そして坂本君の噂も立ち消えようとしている頃、「坂本が全部負うていったから助かった」と言っている者が本所にいるという噂が伝わってきた。この人物こそ古屋惣吉である。坂本登とは二〇歳も違い、前科もあるのに主犯から逃れて一三年の刑で熊本刑務所に服役する。出所後に四、五人の老人を次々殺し今度は大阪で死刑判決を受け、一九八五年五月三一日に大阪拘置所で処刑された。

坂本君は明瞭に冤罪であった。しかしこの日本にはこの司法犯罪を裁く制度も、反省を促す意見もない。処刑された者は因果応報だと言われ、判決を下した裁判官は栄誉をたたえられ、残された弟妹は人殺しの兄を持つ者だと一生汚名を負わされて生きていく。

この頃、後藤義男君という死刑囚がいた。二〇歳前後のおとなしい青年で、私が花園の手入

れをしているところへ来て、

「花は手入れするときれいに咲きますなあ」と言って、その場にかがんで花に見入っていた。

これが度々続くから私は不思議に思い、

「どうかしたのかい」と尋ねた。彼は考えるような顔を私に向けて
「人殺しをしないでも死刑になりますか」と言った。

私は彼のその言葉に改めて顔を見直し
「殺ってないのか」

と尋ねた。彼は大きくうなずきながら再び花を見つめて、花に話しかけるように話した。

彼の負わされた事件は次のようなものであった。ある日、田舎の道を通っているとき、水が欲しくなり、近くの人家に水をもらおうと声をかけたという。ところが屋内から物音がして、さらに人が争う音がする。無断で入って水を飲みながら物音を聞いていると、それが夫婦の争いで、家財道具が飛び交い、彼のひそむ炊事場にまで飛んできた。あまりの激しさに怖くなり、物陰に隠れているうちに屋内に煙が立ちこめて火事になったので彼は逃げ出した。この様子を村人に見られていた。夫婦は火事のなかで焼け死んだ。彼は放火殺人罪で死刑判決を受けたのである。彼は学問もなく、自分の意見を十分述べきれなく、このために死刑になった。

また、兎威文は朝鮮人で個性が強く、看守に暴力を加えた。手に負えないという理由で本所に移され間もなく処刑された。

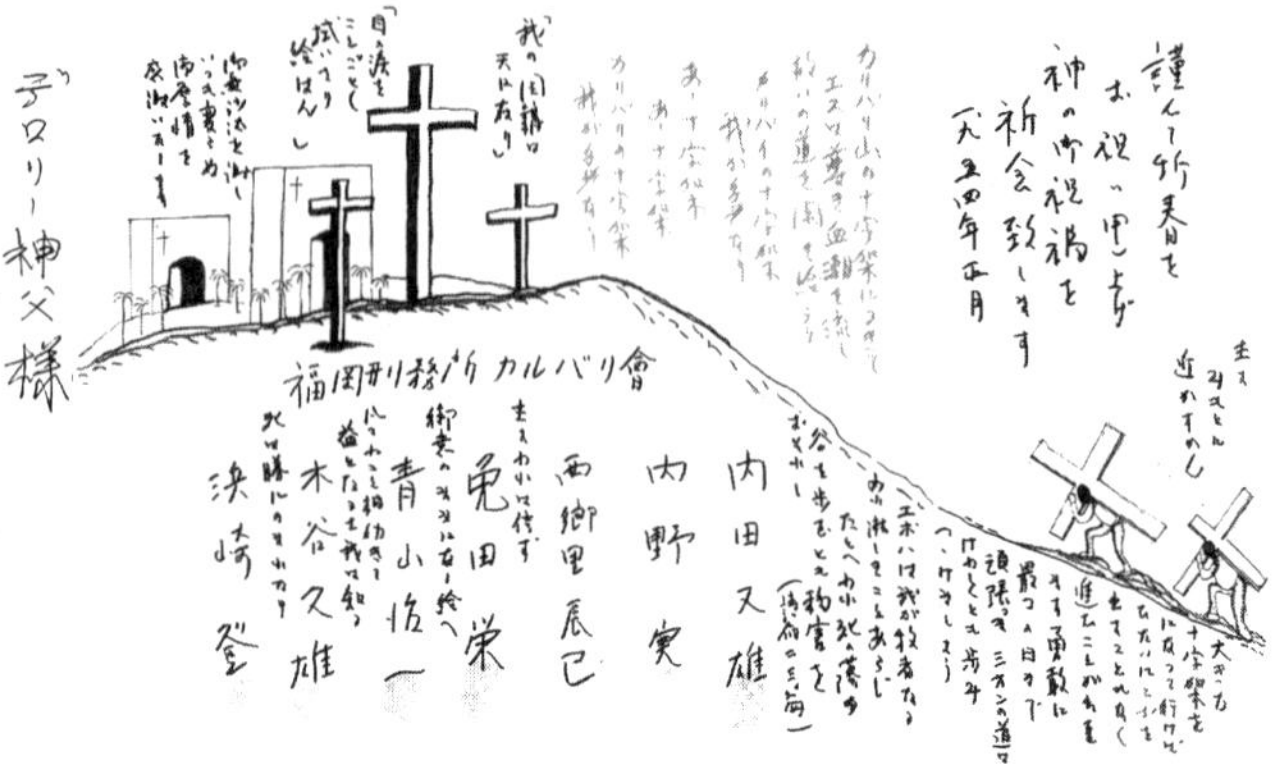

長崎の鐘とともに——カルバリ会による伝道が

永井隆先生のご協力もあって、内田さんの伝道活動は日増しに広まり、米国から欧州に伝わる。藤崎拘置区で伝道活動している、われわれ七名のグループに、カルバリ会と永井先生が命名して下さった。これを記念に教誨室に皆が集まり、各自意見を出しあって創造したものが、上の図で、キリストが重い十字架を背負わされ、役人に引き立てられ、カルバリの山上（ゴルゴタの丘）に行かれる様を現したもので、この図は永井先生をはじめ、米国から欧州に配送されたのである。

この反響はするどく、助命運動に発展し、各国の教会から刑務所および政府や法務省に助命嘆願書が送付されたことを後日聞いた。

この頃、私も再審も思いどおりいかない。処刑の日も日々迫ってくるために、信仰に入り、内海牧師から洗礼を受けた。この世で権力悪に負けた私は、せめて来世では真実の世界で暮らそうと決心した。でも、心の隅に払い切れぬ問題を抱え毎日苦しんだ。

拘置区でのカルバリ会の作り出した良いムードは本所の死刑囚を刺激し、福岡事件の西武雄氏が所内誌にキリスト教批判の文章を書き、それに内田さんが反論したから仏教・キリスト教戦が開始された。どちらも引かないので教育部長の裁断で終わった。

第三次再審請求に向けて

福岡高裁の私の再審請求が棄却される。私の再審請求の記録は公式には六回とされているけれど、受理されなかったものを入れれば本当は一三回ぐらいある。一度死刑囚の処刑場への連行を見てから、殺されたくないと思い、事件当夜のアリバイを理由に幾度も出したのである。

そしていつも再審の相談相手として尽くしてくれた江藤さんが、最高裁にかけた訴えもむなしく棄却されて刑に服す日が来た。思えば二年の歳月だったが私の命は江藤さんのおかげで今日まであったのである。別れは身を切られる思いであった。「がんばれよ。今までの理由を整理して提出せよ」と激励して去っていった。

ある日、突然呼び出しが来て、面会人が来ているという。半信半疑で面会室にはいると、全く知らない五〇くらいのオヤジさんである。「免田君だね。私、熊本の潮谷先生の命で証人探しに小倉に行って来た。幸い会うことができて証言をもらい、差し入れしておいたからがんばれよ」とぶっきらぼうに言って帰られた。私が今日まで「あの証人の行方さえ分かるなら」と探

1983年(昭和58年)7月4日　月曜日

死刑囚"救った"死刑囚

免田再審へ橋渡し

手紙で支援　開始喜び刑死

内田又雄

免田栄被告

「朝日新聞」西部本社版、1983年7月4日。内田又雄さんとの交流の記事

していた一二月二九日の証をする女性が証言してくれた知らせにもう天にも昇る思いで晴れ晴れとした。早速潮谷先生にお礼を書き、次の対策を講じた。

　死刑確定以来来信のない郷里の父に私一生一代の最後の願いを申し出るにはどうするべきか苦慮する。田舎の人々は、お上が決めたことに不服があっても黙り込み、息子すら放棄してしまう。運動に出てしょぼくれて塀にもたれて思案している私に、内田さんが、自分が選任している弁護士を紹介するから、最後の再審と思ってやらないかと、助言してくれた。私は助言を受け入れた。確定事件であることでためらっておられた先生も腰をあげていただいた。そして、内田さんが紹介してくれた熊本市内の和気寿弁護士に会って弁護をお願いした。

　再審請求を幾度も重ねることは、一層世間の批判に油をそそぐようだが、五〇年先、百年先の世に、個人の人権と裁判の公正を育てるには、なんとか耐えて真実を貫く努力を続けるほかはないと決意した。

和気弁護士から再審請求のひな型が送付されて来た。そこには「嘘いつわりのない上申書を提出」という進言がそえてあった。潮谷先生のご努力でアリバイ証人――「旅館丸駒」の女性、石村文子――および証拠も出そろい、三次再審請求を熊本地裁八代支部に提出した。それと同時に「生い立ちから事件に関わり死刑判決まで」という上申書を、罫紙三百枚に詳しく書いて、手紙に現在の心境を添えて提出した。

一九五五年（昭和三〇年）一二月二四日　浜崎君

もう暮れも来たし、クリスマスも明日だからと、気を許している矢先に抜き打ち的に浜崎君が連れ出されたから、みんな肝をつぶした。彼はクリスマスの前夜祭に招かれることを神に感謝する、と言い残し召された。

暗夜の曙光　西辻裁判長の再審開始決定

私は、再審申し立てを提出した一九五四年（昭和二九年）九月から、一月《ひとつき》も欠かさず、弁護士さんに中止しろと言われるまで上申書を提出した。

すると翌々年八月一二日夜七時頃に食器口から、「免田、裁判所から決定が来たぞ」と言ってぶ厚い書類が入ったのである。受け取って机の上において見た。私の胸は高鳴った。

請求人に対する標記確定判決に対し再審を開始する。

請求人に対する右確定判決による死刑の執行を停止する。

一九五六年（昭和三一年）八月一〇日、裁判長　西辻孝吉、裁判官　森岡光義、森永龍彦と記してあった。

再審開始決定理由は、私の白福事件当夜におけるアリバイが完全に成立するということに尽きていた。私の無実は完全に証明されたのである。

この二年間、一月たりとも上申書と手紙の提出を忘れたことはなく、裁判官に真実を訴えてきた。その一念を汲んで頂いたことに心から感謝した。この報らせは潮谷先生、父親にも知らせた。手続きを教えてくれた江藤さんは服役していて連絡がとれず、それだけが残念だった。

素晴らしい知らせに、明日の生命の保証もない同囚たちも喜び、翌朝、房内掃除のときに全員で胴上げをして自分のことのように喜んでくれた。

アリバイの証人を偽証罪へ

しかし、この決定は束の間で、地検の藤井洋検事が即時抗告を行い、証人を偽証罪で告訴した。証人とは「丸駒」の女性に他ならない。

これを受けた福岡高裁の青木亮忠裁判官が、「一度調べた証拠を再度調べて新証拠と解するは司法の安定を欠く」との理由をこじつけ、西辻決定を取り消してしまった。これは刑事訴訟法第四編再審の四三五条を間違えて解釈しているという他ない。

この処理は最近（二〇〇〇年）福岡高裁と福岡地検の、それぞれ裁判官と検事が、裁判官の妻が起こした不祥事を裁判所に内緒で、事件が表沙汰になることのないよう、共謀して始末しようとした事件を私に思い起こさせる。けれども、最高裁が問題を知り、共謀は成功しなかった。

この国の判事や検事は裁判所や地検の近くに特別な住まいを作り、周りは金網で囲み、一般社会との交流を絶っている。拝命思想の特権意識を誇りにし、これにそわない者が住むことは肩身が狭い。西辻裁判官も西辻決定のすぐ後、退官している。

日弁連人権擁護委員会に支援を要請

最高裁も西辻決定に対する福岡高裁決定を支持して、再審開始を取り消し、私は再び死刑囚に戻った。苦難はなおも続くことになる。

この頃、吉田石松氏が法務省門前に座り込み、冤罪を訴え、再審救助を訴えるが、天皇の番人で下民のことに関心のない役人たちは見向きもしない。このとき安倍治夫検事が通りかかり、事情を聞き、日弁連の人権課に紹介する。日弁連で捜査の結果、共犯が嘘を言ったことが分かり、再審で無罪となる。この支援に安倍検事が、「きょうは、僕の一生のうちで一ばんゆかいな日だ。……赤おに青おにどもも、いまこそ思いしったたろう……」という手記を発表、さらに私の確定判決を批判した（「もう一人の巌窟王・免田栄」『文藝春秋』一九六三年六月号）。これに法務省の幹部が「安倍切るべし」といきり立ったから中垣国男法相が函館地検行きの片道切符を渡した。獄中で法務省のこの愚かなやり方を聞いて、こんな法務省に殺されてはたまらないと思った。

西辻決定が検事により即時抗告されたので危険を察し、日弁連・人権課の津田朧三人権副委員長に、再審決定書と提訴願いを送った。この一方で証拠閲覧を熊本地検八代支部に求めるが、「血が付着して使用できない、放棄してくれ」と放棄書を送って来た。

世界に向けて法治国、民主主義国とアピールする国の司法界が一人の問題は虫けらぐらいに思っている事態が許しがたく、再請求した。その返事が、「証拠はない」と来たので、支援して頂いている潮谷先生に事情を話して社会党の坂本泰良代議士に国会の法務委員会で政府側に質問してもらった。ここでの答弁もあいまいで、責任感が全くない。国民の犯罪に対しては、おのれの栄進のために、冤罪や誤判を生産しても平気である。けれども、司法界自身の不祥事は、もみ消そうとするのである。

坂本先生の紹介で、大塚喜一郎弁護士にお願いし、民事で「証拠物をなくした代償」の訴訟を東京地裁に起こしてもらった。しかし一審は敗訴し、二審は「凶器とされた鉈の代金二五〇円を国は支払え」と一部を認めたが、天皇の従者なる裁判所は賠償をしりぞけたので上告した。

津田先生が面会に来られて「免田君、僕は一般事件は軽率にする裁判官でも、死刑事件だけは慎重に行うと信じていた。だが、君の事件では裁判官が軽率すぎる」として、日弁連の人権委員会は、努力して救済することを約束された。

私が再審と民事訴訟を進めている間にも、法務省と刑務所は、常に確定者の生活状況を調べ、春と秋の残務整理には必ず本所と藤崎拘置区にいる確定者の処刑をした。一九五二年春から初夏にかけて今日も明日も刑場で執行があり、そのたびに刑場裏では見物人が騒ぎ、鉄窓から社会人の無情さを見た。本所にいた旧刑法の死刑確定者は再審をしている者も含めてすべて処刑され、最後に宮崎から確定して来た田村君が処刑されて執行の嵐は落ち着いた。

カルバリ会の伝道によって欧州から物資が来て初めて背広を着る。所内教誨室にて。

一九五七年（昭和三二年）二月一三日
福島君

福島君は若い共犯者が幾人かいた。執行のとき、階下の独房にいる共犯者に看守の許しを得て会いに行き、「元

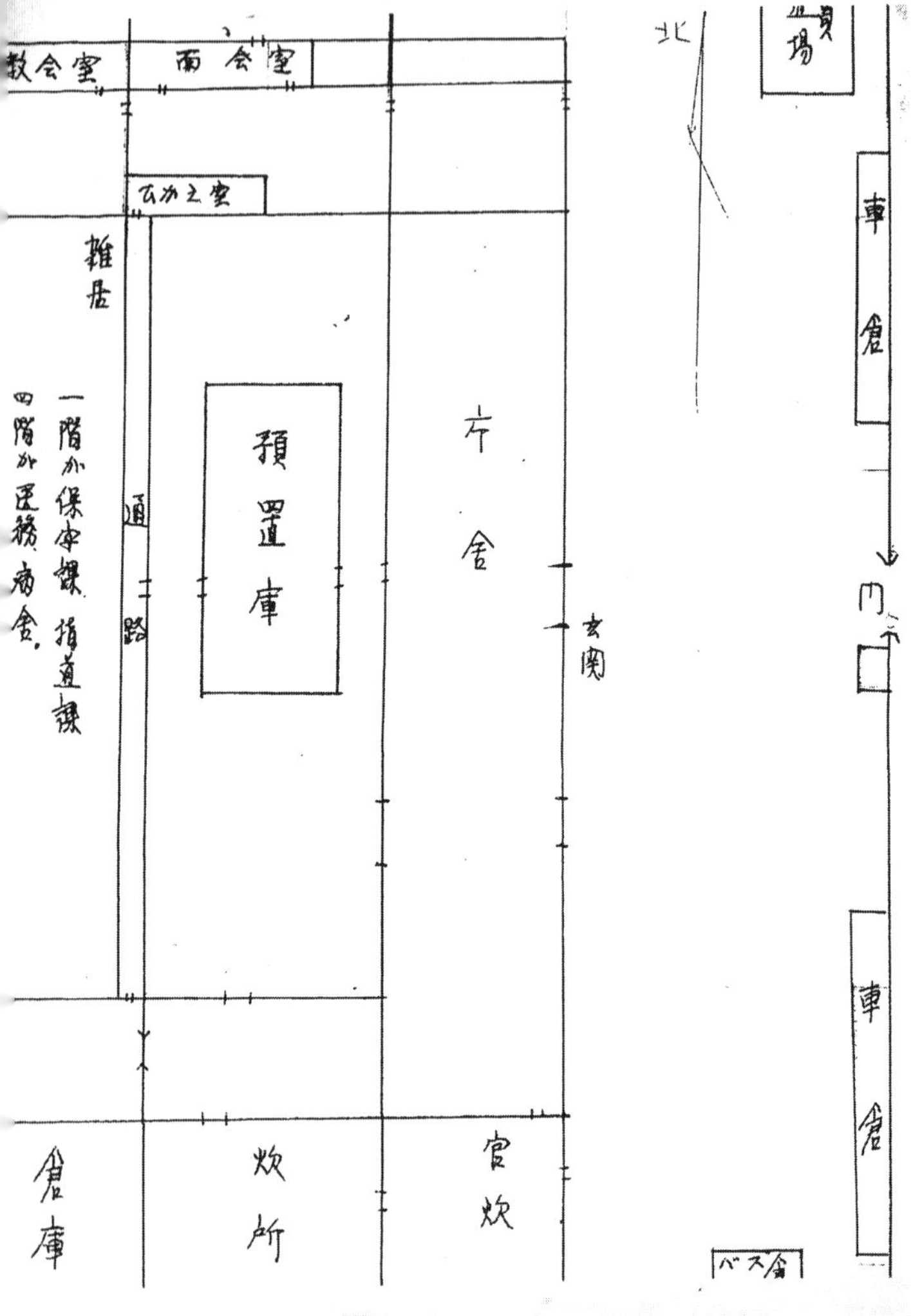

教会室
面会室
雑居
一階が保安課、指導課
四階が運務、病舎
通路
預置庫
庁舎
玄関
北
場
車倉
門
車倉
バス倉
倉庫
炊所
官炊

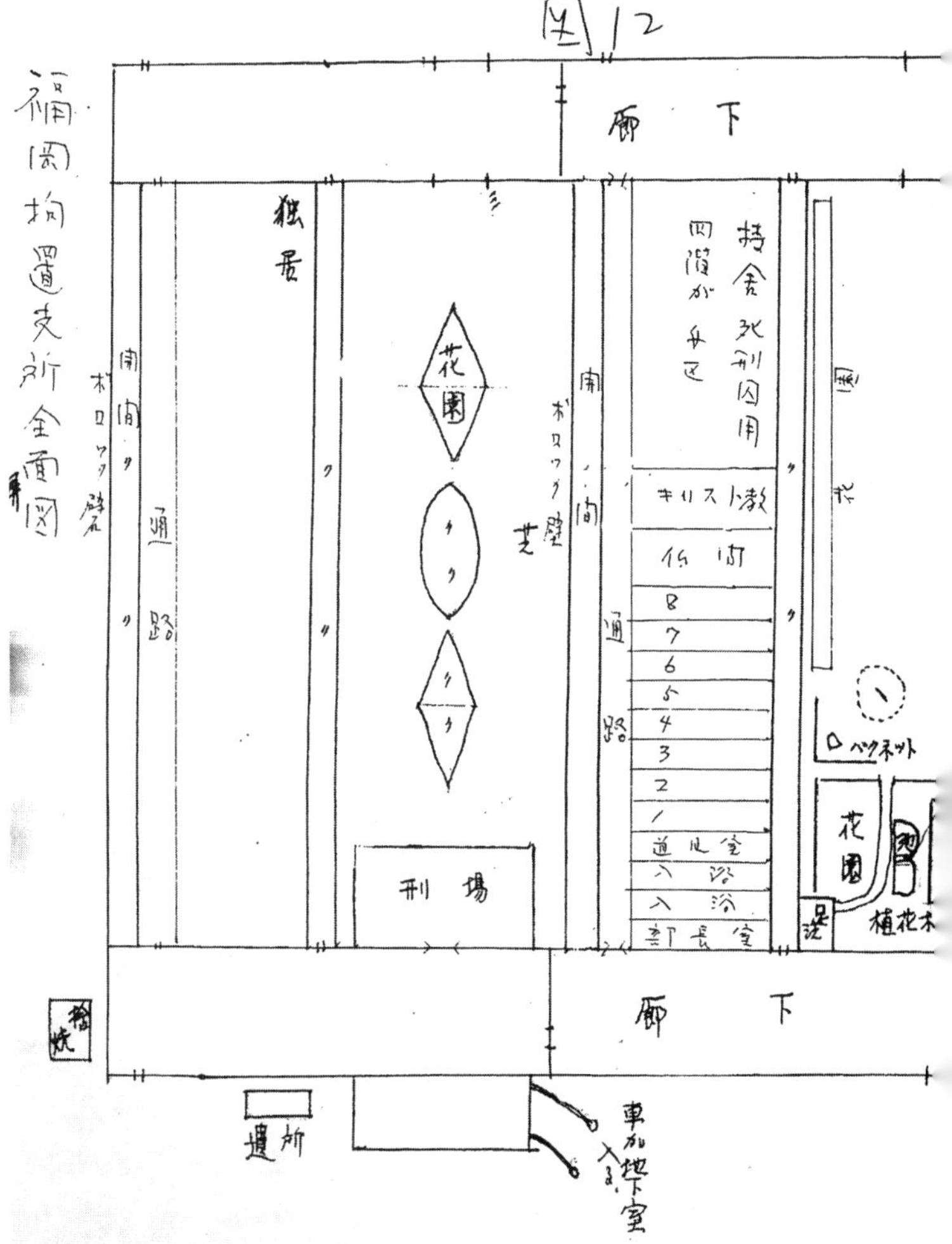
図12
福岡拘置支所全面図
廊下
独居
花園
芝
刑場
死刑囚用
キリスト教
8
7
6
5
4
3
2
1
入浴
入浴
部長室
通路
廊下
植花木
地下室

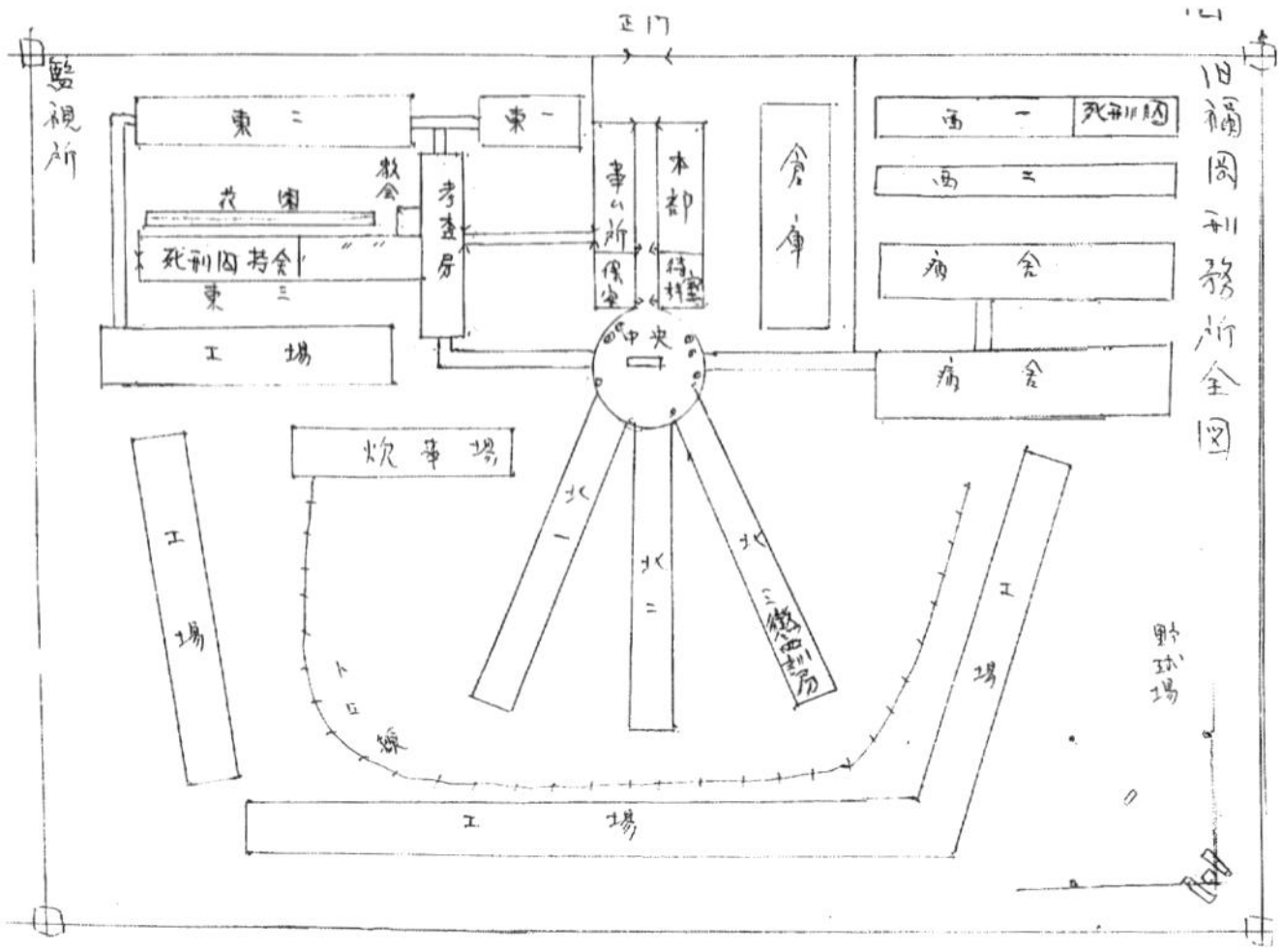

旧福岡刑務所全図

気か、おとなしくして早く出所しろよ」と激励し、心安らかに別れをしてから刑場に入った。

五月一二日　田村君

宮崎出身の田村君は実にさっぱりとした男で、首に自分の手を当て「ばっさりやってくれ」とことある度に言い、教育部長、保安課長など巡視に来る方は彼の姿を避けていた。この彼も去った。この折、西郷里君も内野君も去ったことを、後日聞いた。西郷里君の確定判決には大きな疑問が残る。前述したとおり彼は右手が使えない。花の手入れを手伝ってくれたときも、左手で草取りからバケツの水運びを行っていた。疑問の残る可哀相な立場の人物だった。

福岡刑務所に移る

福岡刑務所の旧法確定者がことごとく処刑さ

れた。この中には冤罪や誤判で再審請求者もいたのであるが、旧体制で仏教と司法が一体となり、国民を監視し、天皇忠誠思想が根強く残る折、弁護士も金もない、人界からはみ出し犯罪者のレッテルを負わされた者には、「あめ土にひびけと呼ぶ冤罪」の声も生命をかけた真実究明の訴えなのに「むなしく月に消えゆく」（無実の死刑囚佐藤誠さん）のみである。

藤崎拘置区から本所、別図に示す東三舎に移った者が六名で、本所にいた者と合計して三十数名になる。確定者を処遇する特別舎が定まり、翌日は豊田教育部長の特別の計らいで本部の二階にある講堂で茶会があった。

松本所長まで出席され、明るいひとときを過ごし、よい顔合せとなる。一日の日課も、藤崎拘置区で行っていた、朝の人員点検後の祈祷も、房内掃除も、九時からの運動も従来通り行うことが決まり、少し遅れて出席された中井保安課長は、柔道五段の太った身体に似合わぬ小声で、私たちに理解を示す挨拶をされた。そして教育部長が最後に各自の意見を求められた。若い連中が、野球ユニホーム作り（これは藤崎拘置区にいる頃に竜野とか木谷とかが、欧州から送られるカルバリ会の伝道費で作り、ユニホーム姿の写真を送ろうという案があった）を提言し、これを所長も保安課長も容認された。

ユニホームを作ることぐらい、所内に工場があるから数日でできる。そこでドンキースとシャークスの二チーム分計二〇枚二色にして作る。、ユニホームができた翌日には、親善試合に本所にいた者と藤崎拘置所にいた者の二組に分かれて試合を行い、私がピッチャーで藤崎組が勝って終わった。

この野球以来、毎日九時から一〇時まで、死刑囚は二列に整列し、レンガ塀の側を半周して野球場に行き、真新しいユニホームの姿で四〇名からの者がワイワイ騒ぎ、野球をして終わる。そしてまた二列に整列し東三舎に帰り、汗をかいた者は浴場で身体を洗い、入房してそれぞれの日課にかかった。

死刑囚とて若者ばかりでなく、老も若きも野球の好き、嫌いもいて、感情の動物なるがゆえに、様々な小事は起きる。けれど、毎日八時から九時の「運動用意」の声を聞くまでは、死刑囚は軽業師の綱渡りのように生死の境にいるのだ。

死刑囚の房内における日課は読書や手紙を書くことである。皆、もう懸命である。早稲田君は大の西鉄ファンで、稲尾、豊田両選手へ手紙を出し、その熱意が通じて二人の選手が拘置所を慰問に来た。そして一時間野球をし、終わって講堂で所長はじめ各課長まで参加し雑談会をし、この行事は半日がかりで終わった。このニュースは所内に広まり、受刑者から強い要望が出て、早稲田君は所内ニュースなどの記事や社会からの問い合わせに応える書きものに追われ、それを早稲田君のファンが手助けした。

先にも述べた福岡事件の西武雄さんは写経をされ、石井健治郎さんは再審請求をし、点字を打っていた。私は世の中に面白い文字があるものだと思って見せてもらい、「点字閲覧表」を借りて学んだ。けれども、再審の方に気を取られ、点訳を日課に入れる余裕は、このときはまだなかった。

豊田教育部長さんが、担当看守（死刑囚は主任と呼ぶ）に言って、私を教誨室に呼び出された。上層の幹部から個人的に呼び出されることは、これまでの例としてあまりよくないことだ。不安に思いながらも主任について教誨室に行った。小柄の部長さんが笑顔で、主任の声などよそごとに「よう、どうか身体の調子は良いかの」と、私に椅子を出しながら言われるから、礼儀をつくし部長さんの顔から目は離さなかった。

テーブルを間に、向かい合って部長さんがこう言う。

「免田、色々要望が出て思案した結果、藤崎拘置区で作っていた花園を本所でも作ってくれないかの。」

福岡拘置所入所当時

前述したとおり藤崎拘置区に来て花作りをはじめたが、その花が死刑囚の房から教誨室、さらに内掃の看守を通して官舎の婦人方からも望まれて、要望が多い。特に秋の菊は希望にそえないありさまだ。この理由は「葉の天ぷら料理にあった」という。これでは、いくら作っても足りるわけがない。それでも初秋には用便を全部畑に入れ、土作りをした。菊や草花は好評で、要望が教育部に来ているという。私は翌日から花作りに関わる。看守の見回りもなかった。

相次ぐ死刑の執行

当時本所には藤野部長、別名マッカーサーという看守部長がいた。独裁的なところがあり頭越しに言うのでたびたび死刑囚と対立していた。私は藤野部長の息子さんが亡くなったことを聞き、悔やみのつもりで「大変でしたね」と頭を下げたら「お前らがよけいなこと言うな」と頭からしかりつけられたことがあり、それから一切声をかけなかった。

ある朝の掃除のとき、部長が白手袋をしているから隣の先輩に「今日は役所で式でもあるの」と尋ねた。先輩は不安げな表情で「今日はあるぞ」と言って早々と房に入った。拘置区にいた頃は二、三日前に執行を雰囲気で感じていたが、こう幾人もいては、初めて体験することでもあり分からない。早々に房に入り机に向かっている間に掃除も終わってみな房に入ったらしく舎内には物音一つしない静けさが来た。誰だろう、不安の中に今日呼び出される者を連想し祈り、移転して幾月目かと指折り数えた。一年半か、月日が流れるのは早いなあ。父親と別れて幾月か、元気だろうか。最後のときは親兄弟を役所が別れに呼ぶというから俺にはないなあととりとめもないことを思い、ああ、いけないと雑念を振り切って祈っていると、静けさを振り切って数十人の靴音が近づいて、仮事務所の前で一度止まり、再び私の房前を通り奥に入り、間もなく房の錠の落ちる音がガチャンとした。渡辺君であった。

一九五八年（昭和三三年）二月二〇日　渡辺君
同　　二月二八日　白浜君
彼は吃音で十分に話ができず、確定後再審を請求したが棄却された。
同　　三月二七日　山崎君
同　　四月一二日　梶原君
同　　四月一四日　内田又雄さん
彼は、カルバリ会を米国から欧州に広め、長崎の永井隆先生を尊敬していた。再審は福岡高裁が原審の棄却を取り消し、再び原審に差戻し、これがまた棄却された。土手町拘置所以来お世話になり、別れに来た内田さんが、「死にたくないぞ。がんばれよ」と言って握手して去った。
一九五九年（昭和三四年）二月一一日　早稲田君
同　　六月一〇日　下村君
同　　六月一〇日　中田君
早稲田君が西鉄ファンで稲尾、豊田選手をまねいた。下村、中田君の二人は共犯で中田君は再審を求め、これが裁判所にいれられなく、最後の朝、別れに下村君が「ゴメン」と中田君にわびて去った。中田君は信仰が厚く、俳句に優れていて、福岡市の片隅にその碑が建ち高評を得ていた。しかしその後取り壊されたことを聞き無常感に浸った。誤判に対して再審請求を、棄却後の即時抗告書類を役所が提出するのを忘れ、期間切れに終わったため悔いが残った。そ

のとき彼は立腹し、食事も食べず衣類も廊下に放り投げて座り込んだ。看守は「確定しておる

のだ。再審してもつまらん、もうあきらめよ」、「いつまでも狂言しても通るかい」等と陰口を

言ってあざ笑い、教育、保安課の幹部が来て面と向かっては慰める。

同　六月一三日　寺本君

再三、再審を求めるが、裁判所は棄却した。

同　六月一三日　高島君

同　一二月三日　時松君

同　一二月一一日　滝野君

再審を請求したが、教育者だった彼は、保安課の幹部から「滝野、教育者らしい態度をとれ」と言われて、再審を中止して処刑に服した。

同　一二月一一日　山野君

滝野君と共犯で死刑が確定していた。確定判決には承服しがたく、私の所に相談に来て、弁護士との面会方法を聞くから、日弁連の住所を教えた。いつも内向的で、雨天のとき、よく私にピンポンをしようと誘い、「ロングしよう」と言って台からはなれて打合った。このときの彼は明るくいつもと違っていた。処刑の朝、連れ出された廊下で房内にいる者に「仰げば尊し、我が師の恩」の合唱を頼み、歌い終わって「免田君ー」と大声を残して去った。

同　一二月二〇日　大村君

一九六〇年（昭和三五年）一月九日　　木谷君
同　　三月一日　　木村君
同　　六月二日　　青山君
同　　八月三一日　　岩沢君
同　　八月三一日　　山口清人君
山口君は文通の女性と獄中結婚し、『愛と死のかたみ――処女妻と死刑囚の純愛記録』（山口久代著、集英社、一九六二年刊）で全国に知れ有名になった。信仰心も厚く、点訳も朝早くから夜遅くまで一日として欠かさない。いつも先頭に立ってことを進める人柄で、職員も彼を認めていた。ところが彼が処刑され、本が出てから、許可を得ていない書信が出ていたために幹部が書信係を叱責したが、そんな手紙は知らないと言うので、死刑囚全員の手紙が止められる。結局、彼が点訳を梱包する際、立ち会いの部長が目をそらした隙に手紙を入れて出していたことが分かる。その後、現場での梱包は絶対に相成らんということになり、保安課で行うこととなった。問題が起きるたびに、発信も面会も制限されるのである。
同　　九月一四日　　黒木君
犯行は妻の仕業だと最後まで言っていた。再審のことで相談を受けるが、先立つ金がなく、その度に再審をしようという話がきれた。
一九六一年（昭和三六年）一月二一日　　大原君

同　　二月二一日　久保章君
人との対話のできない気の毒な若者で、事件も警察の仕組んだもの、との噂が伝わっていた。
同　　八月一〇日　松園君
同　　八月一〇日　山下君
処刑は一緒に受けようと話合い、請願して、そのとおりになった。
同　　一二月二一日　三枝君
確定判決に不服で、日弁連人権擁護委員会副委員長、津田騰三弁護士も面会に来て、再審の準備をされている途中に処刑された。その朝、執行官に「私は早すぎます」と言ったが、「何を言うか」と言われて引き出された。
一九六二年（昭和三七年）九月一四日　藤本松夫君
彼はハンセン氏病という扱いで刑務所に来て、確定者の所に入れずに所内の病舎に移管されて、来た翌日には処刑されてしまった。
その死刑判決に疑問が出ており、支援者が再審準備中だった。ハンセン病に対する明白な差別による処刑である。
一九六三年（昭和三八年）二月一四日　今村君
一九六五年（昭和四〇年）二月二九日　中林君
所内にも春の便りが塀を越えて入ってくる。厳しかった獄の寒さが去り、鉄窓が暖まる頃、誰もが「もうないばい。新しい拘置支所に移るまでは」と安堵の思いでいた矢先、奥まった房前で掃除を終えて入ろうとしていた私に、部長が「都合で運動は午後にする」と告げて戸を閉めた。すぐピーンと来た私は視察口から外を覗いた。掃除が終わった後を雑役が通路の掃き掃除をしている。間もなく異様な静けさがおそった。視察口から小さな鏡片を出し、入り口の方を見ていると十数人の職員が姿を見せ、通路に執行官を中央に横隊になって入ってきて事務所前で立ち止まり、看守の報告を聞くこと数秒、隊列は再び私の方に迫り、鏡を引っ込める。執行官が三メートルくらいに近づき、顔が私をとらえている感に襲われて戸の前に座り込んだ。俺にも来たか、奥歯をかみしめ、耳をすまし、鼓動を押さえた。死刑囚は誰も自分の房近くに迫る足音、その瞬間が一番緊張するというが、このときほどその実感を感じたことはない。まさにその一瞬だ。隣房の錠がガチャンと静寂な空気を破った。思わず中林君が逝くか、と思い、机に向かい祈った。彼が明るく執行官と会話している声に、心は乱れてどうしようもない。

彼は野球が好きで、毎日を明るく楽しく暮らしていた。運動が終わり、房に入るときは、必ず花を房にかざる分だけもらっていた。その朝も、執行官に明るくお礼を述べ、皆に別れを告げて去った。

藤崎拘置所に移る

一九五一年（昭和二六年）に板塀の向こうにウサギやキツネが鉄窓から見えた藤崎拘置区から

ひょうたん池に架かる橋を「月見橋」と名付けた

福岡刑務所へ移って十五年たった。かつて、天皇政権の国民差別行政でみじめな敗戦となり、今度は国民の労働で「古きは捨てみよ新しくなれり」で民主社会に復興した。しかし、更生施設を都会の中におくことはやはり好ましく思われず、山村の宇美に移った。裁判所と検察庁が国民監視上、都心に位置しており、拘置所も仕方なく室美川近くに一九六五年（昭和四〇年）に完成した。

七月、生き残った九名の死刑囚は捕縄に連なって歩いて移る。立ち止まって周囲を見る者、いそいそと行こうとする者、個々の性格でバランスが保てず、保護している警備隊も気づかっていた。

約百メートルくらい歩行し、福岡拘置所三棟の一階の独房に収容され、私は最初、第五房に入る。その翌日から運動後、私のみ残り場内整理にかかる。腰ぐらいの深さの穴を数個掘り、セメンクズ、石、ゴミをうめ、野球のバックネット、マウンドを作り、房前には花園を作り、水槽の横には花木を植え、池（ひょうたん型）の中程に月見橋を架けて、コイ、フナの観賞用の魚を入れて一カ月で終わる。きれいになった運動場で、明日の保証もない死刑囚が、皆明るくハシャギながら一個のボールを追う様は、ほほえましい姿だった。

もちろん私も死刑囚で、皆と同じ生活をして、九時から一〇時まで一緒に運動に加わり、投手から捕手、内野手全部を演じ、この運動後に花園作り、荒れ地を花に適した土壌に作るには、内掃の看守に頼み、所内掃除に出る草を運んでもらい、肥料を入れ翌年の秋には菊を咲かせ、同囚を使って、官舎の婦人方にわたしした。

移監して二年近くは処刑もなく、みな毎日の運動に、点訳、読書に、各自の好みで過ごしていた。私も福岡刑務所のときに指導を受け始めた点訳を毎日の日課に取り入れて早朝から午前、午後は読書に、夜は九時消灯まで続けた。こんな日課中も、ペットのカナリアはそばから離れない。点訳中の拳にとまり愛嬌を振りまき、機嫌の悪いときは点字の頭を喰いむしる。

一方再審の方は寝ても覚めても心から離れぬ問題であった。日弁連の支援を得て民事裁判の証拠物返還請求をしていたが、検察庁が返還する見込みがないので損害賠償と慰謝料請求に切り替えてもらい、東京地裁で進行中であった。しかしその間にも、死刑囚の処遇は悪くなる。ますます社会との交流は切り離され、郵便物など本人の意思を無視してカットあるいは強制的に差し止める措置を行った。いわゆる六三年通達である。一部を引用しよう。

「いうまでもなく死刑確定者は死刑判決の確定力の効果として、その執行を確保するために拘置され、一般社会とは厳しく隔離されるべきものであり、拘置所等における身柄の確保及び社会不安の防止等の見地からする交通の制約は当然にして受くべき義務であるとしなければならない。更に拘置中死刑確定者が罪を自覚し精神の安静裡に死刑の執行を受けることとなるよう配慮されるべきことは刑政上当然の要請であるからその処遇に当たり心情の安定を害するおそれのある交通もまた制約されるところである。」

この通達は、私の再審問題が法務委員会で提起され、特例恩赦問題へと発展していくときに出された。奴らの頭を押さえておかなければ調子に乗って社会にいかなる問題を起こすか分からない、そのようなことが起きれば司法の安定を損ないかねない、司法の安定を保つためには死刑確定囚の二、三人を犠牲にしてもかまわぬ、という法務省の含みがある。

一九六七年（昭和四二年）一〇月二一日　山田君

朝、教誨室から廊下の掃き掃除をしていると仏教教誨室の掃除を新米に指導している福岡事件の西武雄さんが「もう落ち着いてきているから危ないばい」と言う。そう言われると二年近く経過している。「そうかなー」ととぼけた返事をしておいたが、内心は穏やかではない。西さんより私が三、四年早いから、いつ「出ろ」と言われても文句は言えない。福岡事件の二人以下は一〇年くらい間はあってもいつでも処刑される身の上にある。手を休めて西さんを見た。

体重が九〇キロをオーバーして太り過ぎの顔もずいぶんむくんでいるが穏やかな顔つきで笑みを浮かべ、「あなたは大丈夫。どうも他の者のようだ」と言った。日頃写経をしている関係で幹部や特別面接員などどと接し、感触を得ていて良き情報機関でもある。ここへ水野部長が来て、「今日は運動は遅くなるぞ」と言い部長室へ消えた。

ピーンと来たから房へ帰りカナリアの餌を入れ替えているところへ数人の職員が廊下を通過していったかと思ったら私の房前で一列に並んだ。一瞬どきっとして鉄窓から廊下を覗いたとき、二つ目の房錠がガチャンと落ちて職員はその房へ向かった。カナリアが異常な雰囲気を感じ、かん高く鳴き飛び回るから、やっと押さえ頭をさすってやる。その間は静かなのだが、手を休めると再び鳴き出す。山田君の処刑される日であった。廊下に出た彼は、日頃と変わらぬ態度で、皆に最後の別れを告げてまわり、出口に近いところにいる私にも握手して出ていった。

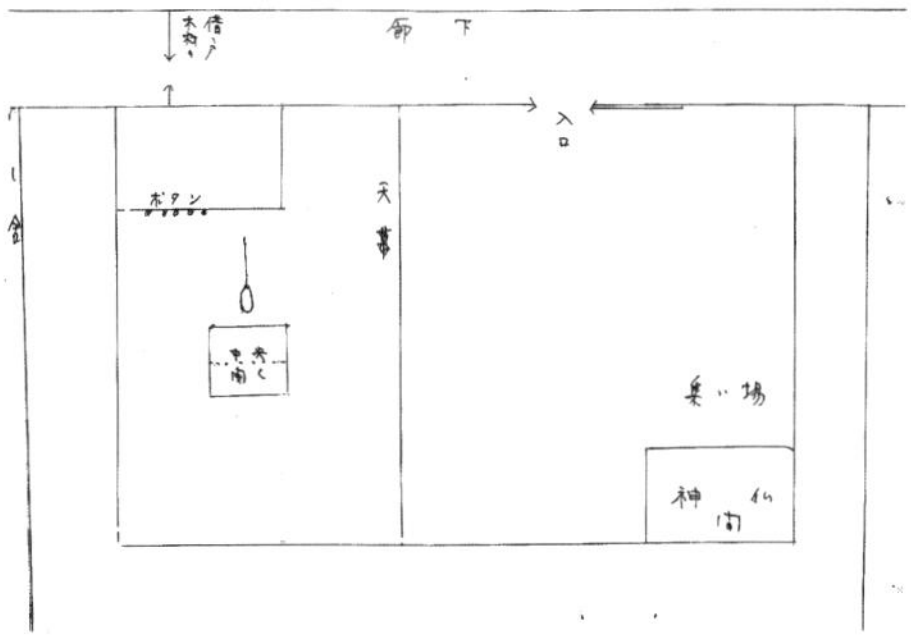

山田君が処刑されたときから、死刑囚の間で新しい拘置所での執行のときに、カターンという音がするという噂が流れる。

処刑の朝、執行官が来て死刑囚を連れ出す。執行台に立たせ首に綱をかけると同時に執行官が「落とせ」と命じ、五名の看守がボタンを押す。同時に観音開きの扉が開いて身体は宙づりになる。そのとき板が跳ね返って音がするというのである。そして、十五分くらいつるし、医者が手首の脈をみて、心臓が止まったことを確かめて、床に下ろし、遺体は本人の遺書に従い処置される。

死刑囚が処刑場へと連れられていくと、拘置所内は水を打ったように静かになる。その「針を落しても音が聞こえる」静寂の中に異常な音が伝わって来る。主任がそれを聞いていて初めは疑っていた。そんなことはあり得ないということで、石を乗せたり、泥を乗せたりして実験をしてみるが音はしない。今度は俵を落としてみたら音がした。何かの振動でバーンという音が死刑囚のいるところまで聞こえてきたのである。それから修理がされ、その後約一年、執行はなかった。死者のたたりとかのろいということには、非常に気を使うのである。

執行の知らせにうなずく女子死刑囚

一九六九年（昭和四四年）二月五日　彦田君

同　　一〇月一八日　平君

同　　一二月一九日　内田君

同　　一二月一九日　中尾君

死刑囚にも様々な十字架を背負った者がいる。私が注目していたのは宮崎から来た内田君である。大阪刑務所に服役《つとめ》ていたとき、計算工として顔も利き、世話もよくしていたらしい。このとき、中尾君と親しくなる。一足先に出所した内田君のところへ中尾君が尋ねていき、飲みながら内田君が持ちかけた金儲け仕事が死刑を負う事件となった。内田君に誘われるまま人家に入り、物色しているところを老夫婦に見つかり、恐怖のあまり内田君の持っていた凶器を奪い、老夫婦を殴り殺して二人で逃走した。数日後に中尾君が逮捕され、内田君も捕らわれて調べが進むうちに中尾君は愕然としたという。被害者が内田君の両親であったからだ。宮崎地裁で死刑判決を受けてすぐ刑に服し、内田君は控訴した。内田君の弟は裁判官をしているというから兄はろくでなしだと世間の冷たい目が向く。姉や弟たちが悲しむから控訴を取り下げ、中尾君の後を追うようにして福岡に送られてきた。

この彼が、私によく話しかけてきたし冗談も言った。時々私が、「お前は何で親を殺したんや」と言うと真顔になり「悪かことした」と言う。「人まで誘うことなかろう」と言うと「もう言うなよ」と、穴があったら入りたいという身振りをしていた。二人ともこのことは話したがらない。教誨にも出席しない。

この二人が処刑される朝、別れに来た内田君が、「今日、行く。お世話になった。面白かったよ」と鉄格子越しに握手して、元気で逝った。共犯者がいる場合は三〇分くらい間をおいて行われるが、職員が削減され、そうきれいごとを言っていては後の仕事が遅れる。前田補佐官が舎の入り口から「おい、次を出せ」と呼んだから中尾君が激昂し、「悪党でも最後くらい気持ちよくしてくれよ」と、日頃親しくしている者に告げて去ったという。

朝一九七〇年（昭和四五年）六月二一日　坂野三雄さん

坂野さんは、世の中年女性を恐怖のどん底に落とした人だが、田舎のお寺さんみたいなツルツル禿の頭にふっくらした顔をして、いつも周りに笑いを振りまいて話す。この姿からはどうみても女性を十何人も食い物にした男とは信じられない思いだった。「俺は女性を一八人も殺している。けれど、警察はこのうちの八件を調べ、あとは調べが難航して放棄した」と得意に話している彼の姿を見て正直な男だ、彼がいう通りなら難航して調べを放棄した警察や検察の職務怠慢に問題があるのだろうと思った。

彼に再審棄却と同時に処刑通知が来た。死刑囚は本人の希望する教誨師の立ち会いで逝く。彼は日頃カトリック教誨を受けているから指導課長は某神父を呼んでいたところ、そのときになり仏教の教誨師に変更し、再び神父に変更したから指導課長は困り、保安課長も苦悩した。このとき、西口彰君が「私が話をするから」と申し出て、坂野さんの房に入り、彼の動揺を静め刑場に送った。

一九七〇年九月一九日　木田熊人君

彼には共犯がいて、誘われて犯行に加わった。話の度に口ぐせのように「騙された」と言っていた。郷里には老人夫婦と子供がいる。妻は一方的に離婚したという。私は彼の言動を見て、検察や裁判官、または弁護士にも、見る眼や心がないなと、しみじみ見守っていた。

一九七〇年九月一九日　杉村サダメさん

女性の死刑囚ということで、社会からたいへん注目されていたらしいが、本人は素直な性格だった。初めて出会ったとき、「こんにちわ、免田さんですね。よく話をうかがっています」と、明るく言葉をかけられ、返す言葉を迷った。女性死刑囚は九州で初めてだろうという噂に、どんな女性だろうと好奇心と怖さが重なっていたが、会ってみて全く期待はずれで普通の女性と変わりないじゃないかと思いながら、「あー、お元気ですか」と答えた。彼女が男二人を扱って証人に毒まんじゅうを食わせて殺し、所持金を奪っていたとは、彼女に会うたびに不思議に思う。彼女は面会の帰りに、花園の手入れをしている私の所に来て、「免田さん、免田さん、花ください」と言って、花をもらって帰っていった。

山地支所長から「女性の分際で人を殺すなんて」と嫌われ、女区を巡視するたびに雑役にて働いている彼女を呼びつけ、掃除・整頓について叱責する。「母ちゃんに言えず、杉村に言うとる」と噂されるほどの扱いを受けた。しかし、処刑の知らせを受け、「ありがとうございます」と言って、静かに死刑台に立ったということを後日聞いた。

一九七〇年一〇月二九日　栗林君

栗林君は病いに犯されて一人で立てない状態になっていた。看守が二人がかりで連れて行き、むりやり死刑台に立ったようにして落としている。世界に向け、民主社会で法治国と公言するからには、いかに司法が悪人だというレッテルを貼ろうと、最後は浄土に行く身なのだから、心身ともに健在にしてからやるべきだ。ここにこの国の国民及び司法の、民主主義と人権の歴史的自覚のなさが見られる。

一九七〇年一二月一一日　西口彰君

彼のことは、佐木隆三のノンフィクション『復讐するは我にあり』（講談社、一九七五年刊）で、ご承知の人も多いと思う。彼は私が藤崎拘置区から本所に移監された一九五六年に東三舎の考察房の経理夫としてつとめながら、「今度でたらでかいことやって死刑囚になる」など冗談を飛ばしていたらしい。このことを聞いていたわたしが、それは本当かと聞いたところ、彼はニヤリと笑って東三舎当時のことを懐かしく話し、こんなことになってしまって、としきりに後悔していた。

西口君は弁護士と偽って、熊本の古川泰龍先生宅に行くが、娘さんが手配中の写真で犯人と見抜いて警察に知らせた。

古川先生は、仏教教誨師の資格を受けて、毎月教誨に来て、教誨後に福岡事件の二人のみに会って事件のことを聞く。この混乱により古川先生の教誨師という資格が剥奪される。

これをきっかけに、刑務所と法務省が、他の死刑囚にまで圧力を加え社会との交通を制限し

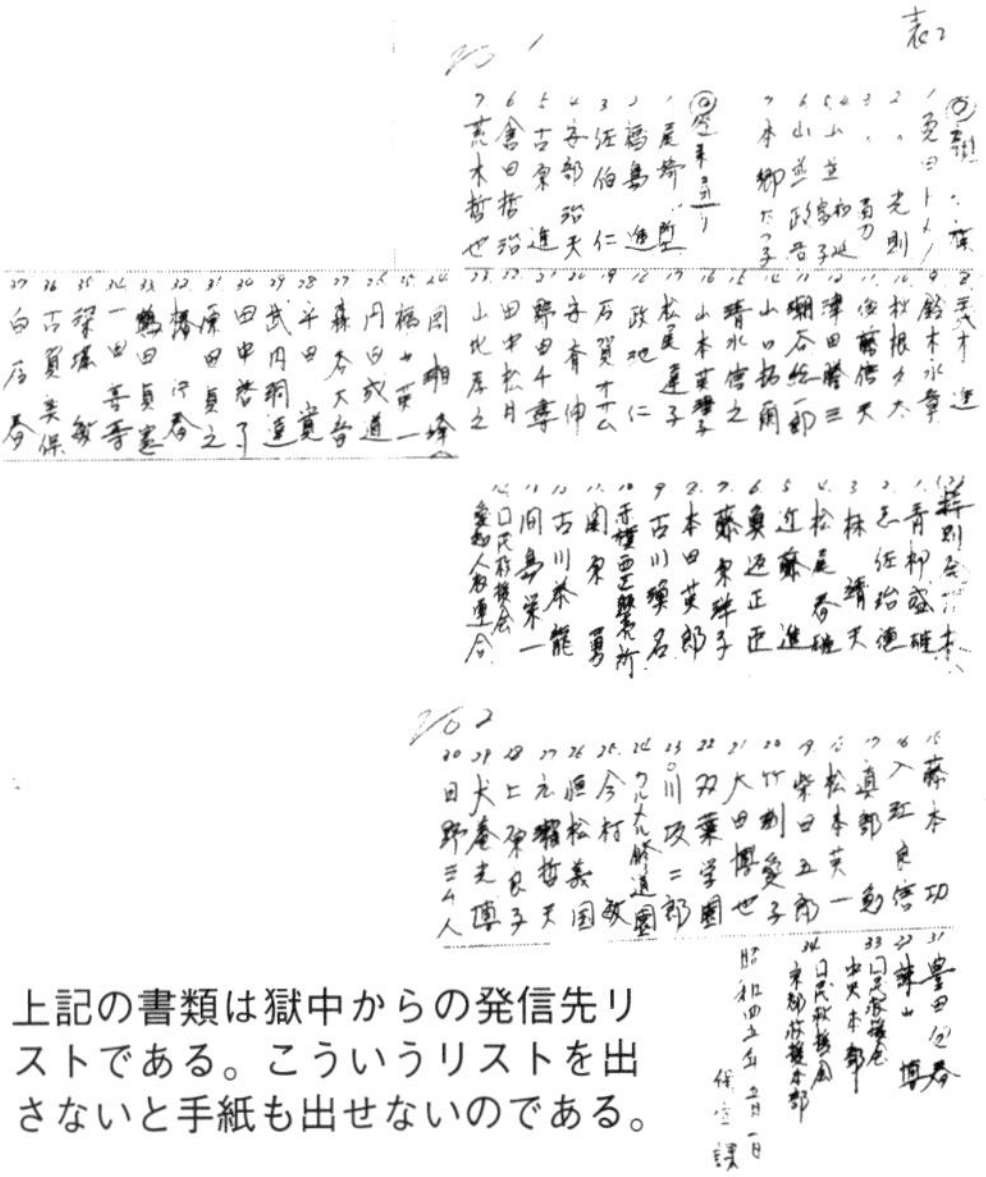

上記の書類は獄中からの発信先リストである。こういうリストを出さないと手紙も出せないのである。

たから、私は所長に面会し「一日の違いで処遇を変更するな」と言って対立し、一歩もひかなかった。その結果、別紙の通り①親族　②従来通り　③特別発信扱い　という奇妙な発信項目を許した。

点字とカナリヤ

私も刑務所に移り、ほとんどの者が点訳している様子を見て、潮谷先生の労に謝する意味から、中田君に学んで、点訳を始めた。

毎日の日課に加え朝五時から九時まで、運動後は自由時間に点訳に従事した。私は処刑の朝の異様な雰囲気を点訳に熱中することで忘れようとした。けれど忘れることはできず、点訳をやめて祈った。

毎朝早く起きて点訳を始める私を待ちかねたように、カゴにいるカナリアが眼を覚まして出たがる。カゴから出してやるとかならず房内を飛び回って私の肩にとまり、しばらくは静かにして、それから机に来て点訳の様子を見て針先の側に来ていたずらをする。叱るとすぐに窓のあたりに行ってしきりに鳴いてから、ふたたび机に来て見守り、今度は点字の頭をつまんでいたずらをする。ある朝など疲れて夜具にもたれて休んでいる間に、点字一枚頭をむしり取られたこともあるくらい、くちばしの先で簡単に取れるこのいたずらが好きだった。

飼っていたインコが逃げたことを福岡放送にはがきを出したところ「一死刑囚、逃げたインコを探して」と放送された。深川天馬という小学校の先生が逃げたインコのかわりに飼ってとインコを差し入れてくれた。一週間経ったある日、博多湾に浮かぶノコノ島の少年が「逃げたインコを捕らえた」と言って届けてくれた。確かに飼っていたインコだった。お礼に使っていた聖書を渡した。このことが新聞に出て反響を呼び、全国から手紙が来る。上智大学の安斎伸先生から手紙と聖書をいただき、これ以降祈りを覚えるようになった。
この写真は差し入れられたインコ。免田さんの後ろから撮ったもの。

　毎日七時からの房内掃除のときにきてしばらく遊んで帰る富沢という死刑囚がこのカナリアをあまりかわいがるから、上司に「許可」を得て購入を進言した。けれど「房内で飼うのは怖い」と言って、掃除の間にカナリヤと遊んでいた。この富沢が、処刑される朝、私の房にきて、「カナリヤと一緒に刑場まで行かせてくれ」と涙ながらに頼むのでカナリヤを貸した。最後に「楽しかったよ。元気でまた会おうよ」と、人に話しかけるようにカナリアに話しかけたと、カナリヤを返しにきた看守に聞いてうれしかった。

日弁連人権擁護委員会が動く

前述した通り、死刑囚の汚名を負わせられ、死線をさまよっているときに、津田謄三副委員長の投書を見て、再審決定書をそえて、この国の法曹界の良識を仰ぐ気持ちで一九五六年（昭和三一年）八月一〇日に日弁連に提訴した。約十数年の歳月をへて一九七二年（昭和四七年）四月一七日、日弁連人権擁護委員会が第六次の再審請求を八代支部に提出してくれた。八代支部では徳松裁判長が尾崎陞委員長その他の人権委員と接し、事実調べに入られ、今度こそはという希望がもたれた。

事件の顛末を少しずつ書き、熊本の潮谷先生へ送り続けて半年も経った頃、夕方突然、尾方支所長から呼び出しがある。この時刻に呼び出しを受ける場合は処刑の告知しかない。複雑な心情故に周りの目も冷たい。

指導課に入ると支所長が待っていて落ち着かぬ態度である。が、顔は明るいからすぐ予想が外れたことを察し、言葉を待った。

「君が熊本の潮谷氏に送っている書き物は今日限り不許可にする。」

「理由は。」

「それは俺は言えぬ。上司の命令だから。」

「事件の実情を書いて出した問題で役所が口を出すことは理解できませんが。」

「いや、俺はしらん。上司の命令だから。」

「あの野郎、何度再審しやがる」「いのち惜しさに弁護士どもに泣きすがっている。受ける弁護士もどうかしている」「確定しながらあきらめの悪いやつだ」などという役人の陰口は耳にたこの出来るほど聞いている。法を司る社会で見境もないことが言える連中だから、これくらいの処分はお茶をかき混ぜるよりも簡単だろう。しばらく意見の衝突をしていたが、その間も何か落ち着かぬようだ。今日は多忙だからと繰り返し、そばにいた笠間保安課長補佐官に任せて出ていってしまうから、私もさては、と思って席を離れた。薄暗い廊下を帰る途中、「明日、誰か去るな」とそばの看守に尋ねたら、黙ってうなずいた。

一九七三年（昭和四八年）五月一一日　二宮邦彦君
帰房して冷えた夕食にお湯をかけて食べているところに隣房の二宮君が裏窓から呼ぶ。「長い間ありがとう。先ほどお召しの通知を受けた」といつもと変わらぬ明るい声で言った。口にいっぱい飯をくわえている私は思わず喉がつかえて返事に窮したが、やっと飲み込み確かめた。
彼はそれには答えず、「元気で頑張りない。これから整理するから」と窓を閉めた。姿が普通でないと思ったが五月の宵空には白雲がけわしく走り、合間からきらめく星がさんさんと降っている。

彼が旧監獄に初めて来たとき、やはり隣房に入っていた。初犯でなにも分からず、朝の掃除時によく相談に来ていたが、それからもう十数年の歳月が経った。その間、夜も遅くまで点訳の競争をしたり、野球ではホームランや打率を競った。死刑囚が多い中でどうしたわけか彼とだけは間が合い、再審を始めた彼に三回再審決定書を見せてやったことで、今日まで彼は生きながらえることができた。

彼には累犯の共犯者がいて、先にこれが捕まり、二宮君を主犯として自供しているから供述調書は矛盾だらけだ。しかし殺された人間がいることは歴然たる事実だから、矛盾点は裁判所が認めない。彼は元教員で頭もよい。この再審に対する情熱とキリスト教者としての信仰に引かれて一女性が長い間身辺の世話をしていた。それは『足音が近づく』という本になっている。この献身も、司法の前にはなんの意味もなく、押しつぶされてしまった。

彼は私の房の前に別れに来て、「残念です。貴方はがんばって下さい」と涙顔で言って去った。


一九七四年（昭和四九年）一月二四日　宮崎さん

彼も幾度か再審を求め、棄却され、精神的な苦痛で病いにかかり、病舎に入院中に死去した。

「俺は元町会議員だ」という誇りを常に持っていて、看守をも軽視する気強いところがあった。

一九七五年（昭和五〇年）六月一七日　西武雄さん

旧刑事訴訟法での事件では、福岡事件の西さんと石井健治郎さんが、死刑囚では一番長生きした。西さんは朝五時に起床し、写経に関わっていた。私が一緒になったのは、一九五八年（昭和三三年）、刑務所の方に移監されてからだ。年が一五年も年配の西さんが、暇なときは主任に頼んで私を呼びに来て、自分の房で再審について新刑訴法の手続きや事件を聞いていた。

「貴方は自白している。」

「していますが、けれど背広ボタンのかけ違いでは儀式に入られない。失礼になります。」

「自白は事件を認めたことになる。」

「事件の自白と背広ボタンのかけ違い、真犯人の自白とは違います。ゆえに三次再審は受理決定をしています。」

西さんは自白を重視して、私を問いつめて来たけれど、「背広のボタンのかけ違い」で対話して以後、事件のことは聞かなくなった。西さんは自白もなく、若い共犯者の自白で主犯とされ、中国人ブローカー殺しで、当時国際的な感情から司法は死刑を認定していた。

西さんは写経をするためか「目が悪くなって」と、よくもらしていた。その目が急に悪化して外の専門病院に入院したことがある。この実現には支援者古川泰龍氏も相当苦労されて異例の道が開けたと思うが、これにもましてこの社会の本質が見えたのは、法務省を始め関係の拘置区、拘置所から幹部が来て「あれは上司の特別の計らいで許されたことだ」と言いふらす態度だ。司法界には昔から相手を見下しながら恩を追わせながら事をなしてやるという悪い根性がある。この思想の裏にひそむものは、「お前らは社会の落伍者だ、世話をしてやる俺たちに感謝しありがたく思え」という優越感で、それを丸出しにする。この根性が社会に問題を投じる根元となっている。西さんも二ヵ月の目の手術入院中、幹部連の巡視のたびに言われていたらしく、まいったまいったとこぼしていた。

退院したが、結果はかえって眼が悪くなり、眼鏡の度あわせに苦労している西さんが、ある朝、教誨室の掃除のときに話しかけてきた。

「あなたの事件を日弁連が調査していると新聞に出ていた、どう思う。」

「思う？」

「私はあんなこと恥ずかしいから、ようできんばい。」

「許されぬ面もあるが、真実を明らかにするためにはよいでしょう。」

「あなたはキリスト者だからね。私は仏教者で、因果律から許されんよ。」

「それでは殺されましょう。」

「いや、そうじゃない。私をこの身の上にした因果の報いがある。」

「それじゃぁ、再審はどうするのです。」

「再審は石井君がしている。が、この社会にいて再審は無理と思う。まず、特別恩赦を得て、すぐ出て体力を養い再審をやる。それからでも遅くはない。あなたもそうしなさい。」

私は返事ができない。彼は社会で問題になっている特別恩赦を信じている。また、それにしても彼が仏教信者ではあるが、ここまで因果律を信じ込んでいるとは驚いてしまう。

前述したとおり、古川先生がやっておられる福岡事件をはじめ全国で七件ほど確定判決に疑問があるという視点から、神近市子代議士が中心になり、現行の再審法で再審がムリなら「敗戦後の混乱期に起きた事件」のみでも再審特別法を作って再審を開き、真相を究明する方法を提案した。これに対して法務省が反対して廃案となり、このかわりに特別恩赦を出すこととなる。しかし、「再審も民事も取り下げる」かわりに、という法務省の出した条件に自由党が同意した。

これは法務省が、下民から落伍した不徳ども（死刑囚）を処分するいわゆる「盆栽の花」で、「実のつかない案」にすぎない。しかし古川先生は素直な方で、福岡事件の二人にこの条件付きの特別恩赦について知らせた。

これを聞いた西さんは慎重だった。けれども、石井さんは有頂天になり、私の所に来て「お前も恩赦に浴するよう再審も民事も取り下げろ」と感情むきだしに言ってきた。私は六法全書を調べ、そんな条文がないことを知り黙っていた。

六月一七日、古川泰龍氏始め有力者の援助で特別恩赦の決定を期待し、裁判訴訟の一切を断っている西、石井さんの二人にその決定が出る日である。この日、花の手入れをしている私の所へ西さんが来て話しかけるから、「今日は恩赦決定日でしょう。社会に出たら体を養生しなさい」と言うと、ニヤリと笑った顔が何か深刻そうに考え込んでいる。石井さんは元気よく野球をしている。天恵を期待しながらも「法務省も面子があるからね」と漏らして私のそばから離れていく。そこに香月君が来て「肩が痛むから投げてください」と球を渡すから花の手入れをやめてマウントに上り投球練習をする。そこへ小池君が来て「今日はおかしい。あれを」と顎をしゃくるから西側の二階通路を見る。その通路を指導課長を始め坊さんが北に向かって通過していく。その通路の行き当たりの階段を下りたところは刑場だ。今日は誰かが必ず去る。しかし運動後に処刑があることは異例で、坊さんはあるいは他の用事で来たのかもしれない。不安で投球も定まらない。いつもは十中七、八はストライクが入るのが入らないので守備連中も冷やかすからなお入らぬ。

運動が終わって私は道具を収め、風呂場へ行き体を洗って出かけたところに西さんがいつも医務へ行くときのように部長と一緒に出口を出たそのとたん、課長始め三、四人の警備隊が来て、「西、来たぞ」と言って連れて行った。私と他の者は浴場から裸で何事かとあっけにとられ、見たのも瞬間的な出来事だった。主任がなにしてると言うから「西さんが逝きました」と言った。「そんなばかなことがあるか。恩赦があるだろう」と言って信じない。

房に入ってしばらくすると主任が「本当だね。いまから追悼がある」と知らせるから中から戸を開けた。

一九七五年六月二〇日　石井健治郎さん恩赦に

追悼は仏教、キリスト教別々に行う。教誨室に入ってきた共犯の石井さんは定まらない立場におかれ普通ではない。そばにいた部長にしきりに尋ねている。このために他の三名も祈りどころの問題ではなく、三名とも石井さんの様子を見ていた。そのうち小池君が「石井さんはもうないよ。かならず近いうちに恩赦の通知が来る」と言って慰めた。部長も「そうそう、西とお前は違うだろう」という。私も慰めの言葉は何度ものどの所まで来ているが明日なき宿命にある小池君が慰めている横から口を入れることはできない。

石井さんはこの日から二、三日して恩赦の通知を受け、内密に熊本刑務所へ移監された。

さて問題はこの恩赦にある。法務省矯正局が国会の法務委員会の意向を受け、恩赦の条件として支援者に公言したことは特別恩赦発布と同時に釈放することだった。この言葉を信じて支援者は面会に来て「法務省が恩赦と同時に釈放する条件を付けている」と再三にわたって伝えるから石井さんも特別恩赦を信じてやまない一人であった。

私にも何度か誘いをかけてきたから、そのたびに潮谷先生や日弁連に問い合わせたが、返事はそういう話は「知らない」ということだったので、私は我が道を行くでいた。石井さんはこの真相を熊本刑務所に行って知り、落胆したと聞く。私は恩赦請求せずに良かったと思った。このとき、私が恩赦請求をし、再審も民事も取り下げていたら、法務大臣は喜んで、私の死刑指揮書に印鑑を押したと思う。日本の政治や司法は表面上庶民の人権を擁護する装いをしているがその本質は逆である。この国は、いかに文明は開けても文化は江戸期そのまま、人殺しには仇討ち思想がつきまとう。因果応報というこの思想をなくし、欧州なみに「義人なし、一人だになし」「裁くなかれ、裁くものは裁かれる」という人道的な開拓思想は芽生えない島国なのである。

私が死刑囚として獄中にいる間に、恩赦に浴した死刑囚は、講和恩赦の須藤君と石井さんの二人のほかにない。

一九七五年七月一一日　小池君

同　　一〇月三日　山口勝夫君

彼等も学問がなく、意思表示の言葉が弱く、確定判決を不服に思っていた。けっきょく再審をせずに執行された。おとなしい人間で、二人ともカトリック信者だった。

一九七五年一〇月三日　津留静生君

この頃は処刑の前日夕刻に言い渡しをし、本人に身辺の整理を充分に許し、翌朝九時頃連れ出し、家族と別れの茶会を行い、帰って教誨室で本人の属する宗派教誨師の儀式を受け、残っている死刑囚と別れの挨拶をして刑場に行った。秋の日差しが真っ赤に西の空を染めて夕闇が迫る頃、私の両脇の山口、津留両君が指導課に呼び出され死刑の通告を受けた。津留君は創価学会の信者といいながら指導者の身よりもなくただ一人で信仰を支え確定判決を再審で晴らすべく努力していた。この一年、腰を患い運動にも出ない。

彼は、死刑確定以後、舎内の教誨室で創価学会の教誨師を入れ、教誨を受けさせてほしい旨の情願を、所長および教育課に求めていた。ところが彼の要求は認められず、処刑日の数日前に会っても許可がなく、この残念さに「ちくしょう、覚えておけ」と口ぐせのように言っていた。

その翌朝五時頃、隠し持っていた安全カミソリで右手首を切り、血がほとばしる手首を履物床に差し込み自殺をはかった。私は彼の隣房にいて、その息切れの苦しみにうめく声に目覚め、窓辺に顔を出し廊下を見た。見張りの看守は廊下に座り込んで居眠りしている。私は窓を開け、強く閉めた。その物音に看守が驚いて房の戸を開けたときは呼吸はとまっていた。舎内は騒然となり、人工呼吸を行っていたが、計画通り自殺は成功したのである。彼が日頃漏らしていたのは、裁判が公平を欠いたから自分の始末を自分でしたのである。

またこの事件が起こった根は、宗教の自由を憲法で説き、浄土宗と浄土真宗およびキリスト教の教誨師を認めていたが、創価学会の教誨師は認めないという、当局の差別政策の中にあったのだ。当時は創価学会は異端の宗教であった。浄土宗及び浄土真宗も最初は異端であったが、時の権力に癒着して庶民をいためながらも今日ある。現在では創価学会が選挙基盤である公明党は自由民主党と政権を共にしている。先が見えていない法務省ならびに刑務所の厳しい反省と思想改革が、切に求められなければなるまい。

この事件後、警察、検察は急いで現場検証、証拠採集を行った。拘置所当局にとっていかに穏便に収めるか。死人に口なしで、津留君がちゃんちゃんこにカミソリを入れて差し入れしてもらったように発表した。しかし当時点訳を行うものは紙を切るために古刃を幾枚も机の引き出しに入れていたし、検房時にもとがめられることはなかったのである。

深田警備隊長の指揮で大捜検が始まる。異議があってもこの社会では通らない。裸検身、房内での書類、衣類、私本に至るまで調べる。この捜検を五日ごと入浴時に行う。窓ガラスは全部壊し防弾ガラスに入れ替える。物掛けのくいは切り取る。数珠、ロザリオなどの房内使用を禁じ、廊下には白線を引き、検房時には線につま先をそろえて立つ。絶対に身動きを許さない。点訳者の使用していたカミソリは押収し、隠し持っていたら懲罰に入れると脅しをかけてきた。

犠牲を負うたのは死刑囚ばかりではない。中崎という雑役が事件解決後に岡田部長から掃除を命じられ、血がヨウカンのように床に膠着したり、布団や畳に付いている処理を一日がかりでやらされて立腹し文句を言ったから懲罰に入れられる。

また転房も六ヵ月に一度だったのが二ヵ月ごとにし、この点房後の捜検で木柵や柵の隅からカミソリが幾枚も出てきたら懲罰に入れる。津留の自殺から死刑囚のいる舎を警備隊管轄下において、他舎より厳重に検房する。

これ以降、書信や面会への制限を次第に迫り、房内で書類（再審書類）などを書く場合は前もって願書を出し、許可されたとき、期間中一ヵ月ごとに認書願を提出することを命じた。これまで死刑囚の処遇は支所長の一存で行われていたのが、管区というよからぬ存在が口出しするようになり、各自の生活状況をいちいち報告させるというようになってきた。この管区という存在が刑務所の職員を苦しめているのだ。この制度は戦前から敗戦後一九五〇年頃までは刑務所内総務部の隅に五名ほど職員がいたにすぎない。それが急に独立し、管区長なる者を置き、その下に第一から第三まで部長を置き、副看守長以上五、六〇名の職員を要する。戦前に例えれば参謀本部である。将校ばかり集めて作戦会議だ等と言い、毎日、碁・将棋ばかりして戦争に負けた。この悪習慣が管区にきているようなものだ。

一九七五年一〇月五日　香月《かつき》君

彼も確定判決に不服で再審を求めた、けれども、金と弁護士の都合がつかないため「残念」の一言をのこして、この世を去った。

第六次再審請求の希望の星を解任

日弁連人権擁護委員会の協力で、私の第六次再審を八代支部に請求し、徳松裁判長の係りで事実審理が進められている途中で、裁判長は急に解任され、松村利教裁判長となるがこの裁判長は「再審を開始する新しい証拠がないから」と言って、再審請求を棄却した。そしてすぐ法務省の総務課長に栄転した。

この移動は裁判所と法務省が仕組んだことに違いない。それはともかく、徳松氏を追い出し新任した松村氏が、審理もろくにしないで「新証拠がない」とよく言えると思う。私が事件に関わりない証拠は、一審からトラック一台分もあろうか。この事実は、東大卒の木下春雄氏はじめ様々の東大卒の裁判官が全て人間として血の通っていない、頑迷の集団であることを示していて、たいへん不幸なことである。

この決定に対し、福岡高裁に即時抗告を弁護団をわずらわせて提出した。

一九七六年（昭和五一年）九月二日　喜瀬川幸雄君

彼も確定判決に不服で、再審を請求したいのであるが、金がなく、「残念」の一語を残して去っていった。少年刑務所出で、おとなしく、口の利けない男だった。

一九七六年（昭和五一年）一〇月二日　香野圭造君
一九七七年（昭和五二年）一一月一六日　川辺敏幸君
一九八〇年（昭和五五年）一二月一六日　大城秀男君

以上五六名が福岡刑務所と拘置所において刑場に、直接別れの握手を交わし、見送った人びとで、刑務所にいた旧刑事訴訟法の関係者をも数に示したなら、一五〇〜一六〇名近く見送っていることになる。

私は、処刑されていった多くの人と直接会って、毎日運動をし、「俺が」「お前が」と言い合い、あるときは、社会にいた頃の楽しかった思い出話に花を咲かせることもあった。一見して同じ人間仲間であることには違いない。

それでは、どこに違いがあるのか？　私は獄中にいた頃、「あれこれと迷える先に十字架の立つ」という句をふと思い浮かべたことがある。この人生に解決しがたい迷いに、彼らは一歩の足を踏み違えた。この一歩にあるように思えた。

そして、死刑囚の日常生活を静観して感じることは、非常にお人好しで反面臆病なところがある。この性格のために人殺しを犯した例もある。Ａは旅をしている途中、腹がすいてきたけれど金がない。近くの人家へ行って覗くと炊事場に食物があったので入って食べた。そこに女将さんが入ってきて驚いて「ドロボー」と叫んだので恐ろしくなり、近くにあった包丁で夢中で刺し殺してしまった、という。Ｂは出稼ぎの帰り便所を借りに入った家で、帰ってきた家人に「ドロボー」と叫ばれ逃げ出した。その叫びを聞いた村の若者が追ってくる気配なので、逃げる途中、近くの人家の土間に飛び込み一息ついていると、奥から出てきたおばさんに騒がれ近くにあった斧で殺してしまったという。

この二つの事件は、経過は簡単なのである。けれど、加害者が無学の上に臆病なものだから警察の取調中、脅かされ、事件の経過を明確に伝える力がない。そのために警察の誘導にかかって計画的な強盗殺人罪で起訴されて死刑判決を受けて確定していた。法の正しい適用をするなら殺人罪である。けれど警察は殺人より強盗殺人にした方が己の名誉にもなるし、警察の社会に対する信頼度もますのである。

そして死刑確定者にとって致命的なことは、日本人が宗教に弱く、歴史的にも権力に癒着している宗教家が、因果律の観念思想を吹き込む。その虜となり、そこから這い出る努力をしない。よく、「仕方ない」と言う声を聞いたし、「死刑確定していていつまでも手数を煩わせるな」と言う声を聞く。毎週、教誨師が来て説かれる説法は因果律で、前世において死刑囚になる因を持っていたから現世において死刑囚になっている、故にそのままの姿で処刑されねば救われない、とまことしやかに説かれては、宗教に弱い臆病な者は確定判決に不服があっても再審をあきらめるしかない。つまり司法と宗教界が一体となり裁判の不公平を抹殺していると言っても過言ではない。

日弁連の渾身の努力と山本裁判長の英断

私の再審請求には二度反応があったが、二度目、すなわち第六次再審請求の即時抗告は、福岡高裁の山本茂裁判長の係で、約二年間審理された。結審まぎわに、山本裁判長が裁判所、検察側、弁護側の三者の会合で、検察側に「この事件には指紋はあるか」と問われた。このひと声に、事件から三〇年間、現地調査すらせずに権力にあぐらをかいていた検察側が総出で、あわてて現地調査を行った。

一九七九年九月二七日、福岡高裁は、熊本地裁八代支部の再審請求棄却を破棄し、私の再審裁判の開始を決定したのである。これが山本決定である。決定理由の主要な論点は、一九七五年、最高裁第一小法廷の判示した、再審の証拠評価をめぐる「白鳥決定」の理念である。

即時抗告に敗北した検察は、特別抗告を最高裁に出し、検察の砦を守ろうとした。しかし白鳥決定以後、最高裁もそういつまでも、愚かな知能と心の衣をまとう老いた偽善者ではあり得ず、この抗告には良心を傾け、一九八〇年一二月一一日に検察側の特別抗告を棄却した。

6章　再審の開始

前例のない確定死刑囚再審裁判開始

いよいよ、私の再審裁判が開始されることになった。しかし、わが国の法曹界には、確定死刑囚の再審裁判が開始された例は一件もないのである。刑法十一条二項に「死刑の言渡を受けたる者は其の執行に至るまでこれを監獄に拘置する」とあるが「再審請求が理由のある」ことは、山本決定とこれを支持した最高裁決定で明らかであり、従って、刑事訴訟法四四八条によって、私の再審裁判の開始が確定されているのである。では、その再審裁判は「監獄に拘置」されたままで開始されるのであろうか？

「何人も、公共の福祉に反しない限り、居住、移転及び職業選択の自由を有する」（憲法二二条一項）のである。私が公共の福祉に反しないことは、山本決定によって明瞭ではないか。最高裁も認めているのである。それでも「監獄に拘置」は、明らかに憲法違反ではないのか。

「再審開始の決定をしたときは、決定で刑の執行を停止できる」（刑訴四四八条二項）ことになっている。「監獄に拘置」の必要は全くないのである。

ところが、私の身柄は、福岡から熊本地裁八代支部に移監されることとなる。この時点で、法務省は拘置所に指示した扱いは次のようであった。

元死刑囚　再審請求者

元死刑囚　被告再審請求者

元確定死刑囚　再審請求者

再審開始が決定したときに保安課長は、この三項目に従って処遇を行うことを告げただけで、何ひとつ以前と変わった身柄の扱いを行わない。この際の身柄の扱いは六法全書の何処にも記されていない。刑事訴訟法の再審制度の終わりに「再審で無罪のときは判決で公報する」とあるのみなのだ。先の三項目について、別に異なる処遇を受けなかった。この国が民主意識の豊かな国に再生する日を願う。

処刑場に入る

係の看守部長さんが房を開け、先に行かれる。私も早々に後に従い廊下に出て舎の方に行く。この途中には刑場がある。入口が開いていて、中では内掃係が掃除をしていた。恐いものを見たいのは誰しも同じ、ちょっと拝見と思い、中へ入った。驚いている内掃係を制し、天幕の中に入ると、床に半畳の扉があり、真上にロープを通す金輪が鈍く光っている。旧式では側にハンドルがあり、一人の看守が引くようになっていたが、新しい装置では死刑台の斜め後方にボタンが取り付けてあり、五人の看守が同時に押すようになっている。足下の扉が開き、死刑囚の体は床下に宙づりになる。心臓の鼓動がとまると、体はゆれ「血しぶきをかぶる」という。この状態を見守る執行官も大変な公務と察する。しかし、人が人を裁く事態に公正が期待できようか。刑場に散っていった者たちの姿が走馬灯のよう想い浮かぶ。

「もう済んだか」の声にふり返ると、いつの間に入ってきたのか看守部長がいる。部長はいつもの運動場に出て、「良い想い出になるね」とあらたまった表情で言われるから「ありがとうございます」と答えた。社会とは異なった世界で死刑囚として明日の保証もない私に最大限の時間を与えて下さった。この結果が、健康で今あるのだと思うと熱いものがこみあげる。

前述した「一人の警察官の事件処理は最高裁の確定判決に類する」と房の壁に誰かが落書きを残しているように、法の現実は厳しく、無実を主張した死刑囚もことごとく処刑され、毎日着て野球を楽しんだユニホームも一着も残されていない。私には、この国の司法関係者は、人が人を裁く慎重さを重んじるよりも、司法官の名誉、栄進に向かって爆走しているとしか思えない。これも一審の木下春雄裁判長の公務怠慢からすべてが始まったのだ。

福岡から熊本の八代支部に移監される朝、庶務課長が来て「免田、再審は君が最初で最後だぞ」といった。この意味が、この時点では、私に理解できていなかった。

この頃、冤罪の死刑囚の多くが再審を求めていた。特に「財田川事件」は一九七六年一〇月、最高裁が高松地裁に差し戻しを決定、七九年六月に高松地裁が再審開始を決定するが高松地検が即時抗告、しかし八一年高松高裁は地検の即時抗告を棄却、再審開始が決定されていた。

再審開始へ――八代拘置所に移る

三〇年前、初めて入所した八代拘置支所は赤レンガ造りの暗い建物だったが、今は新しくなっており、私は特別処遇扱いにされて、他の収容者とは離されていた。房も六畳の部屋に入れられた。

再審裁判開始まで日数もあり、支所長に会って福岡拘置所でやっていた花作りを許可してもらう。それで再審裁判準備のかたわら、運動時間は花作りが日課となった。

第三次再審請求に対する西辻決定のときに、福岡国民救援会が支援を申し出たことがある。熱心に動くかと思う間もなく、検事の即時抗告でいつしか消えていった。しかし今度は尾崎弁護団長の呼びかけで、福岡国民救援会が熱心に支援してくれた。私もこの気持を察し、費用もかかるだろうと思い、入江良信氏に私が事件の内容を書いた上申書と、裁判記録を四その他四冊冊宅下げし「本を出し、費用にしてほしい」と頼んだ。彼は『死刑囚　免田栄の光芒』を自費出版し、自分で売り歩き、同じ救援会員には「俺がもらった本だ、手出しするな」と言ってその金を私にも渡さないし、救援会にも渡さないで自分で使ってしまった。まったく理解に苦しむことであった。

社会の人々は生きるために働く。しかし自分たちとは違った営みに興味を持つ。、それを広く報せるものが報道である。人吉自治警が私を殺人犯に仕立ててマスコミがそれを報じたとき、私の娘は寒天に放置され凍死している。それほど世間は厳しい。

この殺人者というレッテルを貼られた者が実は無実であって、この社会に帰ってくるという報せに、社会はもとより報道機関は色めき立った。そして熊本のＲＫテレビが私が拘置所内で花作りしている姿を近くの高い建物から撮りテレビで報じた。

このために福岡管区長が八代拘置支所長を呼びつけて厳しく訓戒したため、私の花作りは不許可になった。運動も運動場ではできなくなり、物陰に隠れて運動するはめになった。二人の看守が私を見るのではなく、双眼鏡で塀の外を監視するという逆転した状態になってしまった。

再審裁判

再審の第一回公判日は朝から強い雨で、朝食後身支度をしながら窓から降りしきる雨を見ている私の脳裏に、三〇数年前に私を囚われのこの身に追い込んだ刑事や検事、裁判官の薄笑いを浮かべた顔や姿が走馬燈のように浮かび、消え去っていく。今になって残るのもは、彼らが書き残した嘘の文章でしかない。この文章を再び持ち出し、偽造した彼らをこれからの公判に呼び出してくれるなら、面白い事態が起こるだろう。『復習するは我にあり』という言葉が炎のように沸き立って消しようもない。過去の思いと、これからの公判での彼らとの対決を考えると、さまざまな思いが駆けめぐる。

朝一〇時の開廷なので、九時にはバスで拘置支所を出た。車内はカーテンで締め切り、外は見えない。拘置支所を出たとたん車は動かない。車の外はこの再審裁判の支援者に加えて野次馬で道が遮られているのだという。そばにいた看守は、「今日はお客さんで旅館は満員だ。おまえを一目見たい人が集まっている」と言う。カーテンの隙間からのぞいて驚いた。群衆の目と、カメラが銃口のように私に向けられている。

人間の社会って不思議だなあ、三〇年前は厳しい非難だったのが、いまは激励と歓迎に変わるのかと思い、人の世は時の流れとともに変化するという言葉をまざまざと思い知らされた。

再審裁判は、河上元康裁判長、豊田圭一、松下潔両陪席で開始された。検察官は奥真祐、伊藤鉄男、須賀清の各検事で、また弁護団は、尾崎陸団長、佐伯仁、倉田哲治、真部勉、川坂二郎、古原進、荒木哲也の各弁護士であった。

検事の起訴状朗読に続いて、裁判長の問いに私が否認し、尾崎弁護士の否認に対する事実説明で終わり、次回公判に継続された。私が準備していた司法関係の審理、アリバイ関係や事実審理の実現はことごとく退けられ、証拠物の鑑定を中心においてその専門家の証人調べが重視された。私は部外者になって、なにも言うべきことがなかった。

わが国初の死刑囚再審無罪が確定

再審公判の初めに、私は連行に来た五名の刑事に本人尋問を求めたかった。しかし尾崎団長ほか六名は「時間の都合で出来ない」といって私の要望を容れない。

このときは財田川裁判が高松地裁で再審が開始されており、この事件よりも早く無罪を勝ち取りたいとの思いが弁護団にはあったのだろう。私は連行に来た刑事と法廷で対決できれば、一時間で事件の構造が明らかになると思っていた。

昭和57年(1982年)1月28日　木曜日

「見たまま述べる」

免田再審公判

半仁田さん あす注目の証言

弁護側と正面対決

免田再審第8回公判に出廷する"新証人"半仁田秋義さん

再審裁判で検察は突然、埼玉県に住む半仁田秋義氏を新証人として申請した。半仁田氏は30年も前の12月30日の朝、免田さんの家で衣類を乾かす免田さんを見たと証言したが、裁判では信用性を認められなかった。

再審裁判の結審近く、半仁田秋義氏が証人に出た。父の闇商売仲間で、私の家にもよく出入りしていた。彼が、「ちょうど昭和二三年一二月三〇日の朝、商用で訪ねたところ、免田栄が濡れた服を炊事場のかまどの火で乾かしているところを見た」と、突然名乗り出た。この証人に対して検察官はしごく真面目な顔で詳細にかつ整然と質問し、半仁田証人はなんのためらいもなく嘘を答える。この答えに検察官は満足げに勝ち誇ったような笑みを浮かべる。この証人は何の実証も得ることなく終わった。彼がまことしやかに述べる言葉や、三〇年も前の問題を昨日のことのように言う態度は、警察から相当甘いなにかが与えてあることを示しているようである。実際、河上判決にも、半仁田証人の言うような「被告人が二三年一二月三〇日早朝、免田町の実家でかまどに抱きつくようにして暖をとっていたなどという事実は到底認めることができず」被告人の「同月二九日丸駒泊のアリバイを崩すほどの証拠ではない」とある。

このようなナンセンスと言うべき証人に偽証までさせて、私の再審無罪を阻止しようとした検察側の非人間的な姿勢に対して、私は憤りの言葉を知らない。かかる法曹界の姿勢こそ、わが国に、数々の悲惨な冤罪を産み落としているのである。

再審公判は進行し、遂に本人尋問のときがきた。私は弁護人に取り調べに関わった福崎良夫以下全刑事の証人調べを要求した。「時間の関係上できない」という返事が来た。福岡高検から来た検事は三人で、警察が創作した矛盾だらけの「自白調書」を元にして、なんら新しい立件証拠も持たずに、私への本人尋問に望んだ。私はその本人尋問の二時間、一言の返事もせず検事の顔を見入っていた。

私の態度に検事は勝ち誇り、笑みを浮かべてさらに追求した。しかし、何一つ疑わしい証拠も状況証拠も出ない。権力乱用の空論に過ぎなかった。

検事の追求も終わった。そして本人の意見申立に「私はこの事件に関係ない証拠があります」とだけ述べて終わった。

判決をむかえるにあたり問題になるのは、私の身柄のことであった。弁護人および日弁連人権課に問い合わせたけれども返事はない。

一九八三年（昭和五八年）七月一五日午前一〇時開廷、河上裁判長は、殺人は「無罪」、窃盗は「懲役六ヵ月、執行猶予一年」を言い渡した。

判決理由の要点は、白福事件当夜における私の「アリバイ認定」と人吉署において強要された私の「自白の信用性」の否認であった。

判決後の身柄扱いだが、傍聴人を全て退廷させ、それから私の側にいる看守を退席させ、裁判所の職員が私の側についた。ここで検事が椅子から立って一枚の書類を裁判所に提出し、一読した裁判長は弁護人に渡し、それは私の所に来た。「本日、釈放する」と記されていた。

この場合、釈放するなら、その説明を裁判所なり検事は法廷で明らかにする必要がある。それが全くされていない。まるで江戸期に育った思想、大岡裁きの一件落着のような形で済ましている。

またこの判決には、私に科せられた死刑判決の取り消しがない。身柄拘束が解けない。そして年金制度が適用されない。年金に関しては法務省は一九六一年に制度発効と同時に通知したというが、私は通知を受けていない。まして、死刑囚は死刑執行を待たされる立場にある。社会との交通を断たれていた身で年金に入るということがあり得ようか。法務省の責任逃れの弁に過ぎない。

冤罪は完全に晴れた

獄中三四年、全く身に覚えのない殺人という、とんでもない大罪を押しつけられたのは、益田や馬場および木村ら、人吉自治警察の刑事が売春の保証人である事実を、たまたま私が見聞したことに端を発する。このため、強制的に冬の暗夜に連行され、死刑囚の烙印をおされ、獄中で言葉に絶する苦難を強いられ、熱帯の砂漠を旅する者のように、いっさいの希望を絶たれ、獄屋で暮したのである。

やっと裁判所の玄関に出た私を待っていたものは、予想もしない、大勢の群衆とマスコミ、それにドシャブリの雨だった。

八代市内のホテルに入り窓を開けて見た風景は敗戦時と違い、多様多彩な人家が見える別の社会だった。

その夜、潮谷先生のいる部屋を捜しあて、明日から熊本の慈愛園の方に置いてもらいたいという相談をしたところ、弁護団長の尾崎先生の部屋に連れていかれる。話し合いの結果、「検事の上訴期間は郷里に帰る」（検事の上訴権など不用のものを与えるから悪用する）という話になり、免田町に帰ることとなった。

翌日、汽車でなく、観光気分でバスに乗って球磨川ぞいに登った。気候が良ければ、いい観光になるところだったが、昨夜の大雨で崖くずれが起こって道が通れない。球磨川の岸を幾度か往き来し、道を捜してようやく郷里に帰りついた。

家には報道機関がたくさん押し掛けていて、たいへんな騒ぎである。親父を連れて親子の縁切りに来た光則も嫁をもらい、子供が生まれ、それも良い青年になっている。三〇年の歳月が、司法と社会が私に何を与え、何を奪い去ったか、身のひきしまる思いがする。

多くの者がいる中に、継母が、老いて不自由な身で迎えてくれた。幾人も来た継母のうち、誰一人として親しみを持った人はいない私ではあるが、人の手前、小声で「今もどりました」と言い、継母の老いてやせた手を握り、言葉を交わした。

いちおう落ち着いて先祖の墓参りへ。「二人の主に金使うことあたわず、しかせばこれを嘲り憎むなり」、と聖書にある。「私はキリスト教徒で仏教の方式には応じられないのですが」と言ったのだが、報道関係者と弁護団の要望に応えて父、栄策の墓地へ行き、墓前にたった。幼い頃から決して良い思い出は浮かんでこない。酒を飲んで刀を抜いて振り回し、「斬り殺す」と荒れ狂った。素面のときと酒を飲んでいるときとでは性格が一変した。一九六五年、再審請求で一番状況を悪くしてはならないときに、経済的な苦しさから「おまえは一人で生きてゆけ。もう俺は知らぬ」と言って、鉄格子に両手をかけてすがりつくようにして泣きながら帰っていった。その姿が強く思い出され、田舎者で世間を知っているようで知らなかったかわいそうな父親だったことを思った。

心ない民衆の中傷と悪罵

獄中にいた間の高度経済成長の跡は目をみはるものがある。子供の頃から親しんだ自然というものは、球磨盆地を囲んでいる山々の姿のみ。田畑も整理され、直線の農道ができ、百姓はみなトラクターを使い、鍬を使う者はいない。

法治国という文明社会になって、法に縛られているから、悪徳検事の上訴期間は、弁護団の声もあって、居たくなくても光則の家に世話になる。この間に訪ねてくる報道陣と対応し、夜は来客が絶え間なく来て、祝い物を置き、酒を飲み交し、帰ってゆく。その客が全て車で来るのだから、私がいた頃の、隣が二里も三里も先にあった頃と、全く感覚が変わっていた。

この間に、三〇年間獄中にいたときに社会から送付された郵便の整理を行い驚いた。当時、私に来た郵便を、本人に見せると心証を悪くすると拘置所が判断し領置した郵便物が、ボール箱で数個ある。その郵便にこうある。

「人殺し、再審をするなー。」

「男らしく死ね。」

「嘘をいって出ても俺が殺してやるー。」

「被害者の苦しみを思うたことがあるか?」

読んでいると腹が立つというより、この国に住み、この国に育った人間の、あまりにも愚かな、あまりにも空しい姿に愕然とさせられた。

この国には、こんなにも愚劣な人間が、こんなにも沢山いたのか、という悲壮な思いであった。聖書によれば自己の無知を知らざることであり、空しいとは、魂のいさぎよくないことをいうとある。

真実とは何なのか、潔白とは何なのかを自分の頭で考える能力を身につける習慣が、この国には育たなかったのである。

人間の価値とは何か？　人間の尊厳とは何か？　を考える頭脳を強制的に剥奪された、真に憐れむべき人びとなのである。天皇制の最大の罪悪とは、わが国の善良なる人民から健全な思考方法をとりあげ、代わって、権力指向、拝命思想という非人間的思考方法を徹底的に植えつけた歴史にある、と言わなければならない。少し年齢の高い人は、教育勅語の丸暗記の強制を思い出されると思う。戦後に育った人は、やはり教育とは、すべて詰め込み主義の教育だったことを思い出されたい。

こんなに頭の悪い人間の多い国は、世界広しといえども日本だけではあるまいか？

郵便物は全部焼き捨てた。後悔先に立たず。今この郵便物を本にしていたら、良き鏡となっていたであろうに。しかし、今でも彼らに対する批判は少しも変わらない。

少し後のことになるが、落語家の立川談志が「免田はやっている！」と公けの場で発言し、その間違いを指摘されても、全く責任をとろうとしなかった。その卑劣さは、この国に見られる無責任な発言の風潮をよく表しているようである。戦時中はもちろん、戦後の国家権力の犯罪に対して、わが国の政府がいっさい責任をとろうとしない体質、それは何度も繰り返すが、日本独特の拝命思想という無責任体制にあったのである。

社会復帰の初期につまずく

今回の私の、わが国初の確定死刑囚の再審無罪、すなわち「死刑台からの生還」という経過において、私が最も感謝している方が潮谷総一郎先生であることは言うまでもない。既に本文において繰り返し述べた通りである。

その潮谷先生は、私の社会復帰後、慈愛園を中心にして、数々の恩寵をほどこしてくれた。ほぼ十数年前から、神経性の病魔に犯されていたのであるが、二〇〇一年五月、ついに不帰の客となられた。不幸な者、貧しき者の救援にあたられた先生の業績については、到底私が言葉で尽くせるものではない。葬儀にあたり、私が弔辞を捧げることのできたことが、唯一の私の謝意の表明であった。「あなたがいなかったなら、こんにちの私は存在しませんでした」と。

私に初めて再審開始の決定を出された西辻孝吉裁判長も今は亡い。臨終で僅かに謝意を述べることができたことが、唯一の心の慰めになっている。

次に私の再審無罪に対する謝意が、尾崎陞弁護士を団長として七名からなる再審弁護団にあることも言うまでもない。東京に本拠を置く日弁連人権擁護委員会の方を中心とするものであって、現地調査を始め、公判の度に遠路わざわざご足労願い、そのご労苦に対しては深甚な謝意を表するものである。ただ、日弁連の中には、免田の救援に金ばかりかかるのではないか？という批判の声のあったことも事実のようである（『続・再審』）。

再審請求の過程で、検察が証拠物をなくしたため、民事裁判を起こし、一審は負け、二審は勝って、上告したものの、日弁連の私の弁護団が、再審が勝利したので、取り下げてしまった。このことを尾崎、荒木両弁護士から知らされ、いささか気落ちした。この問題は、私のみでなく、これからのこの国の裁判に関わる大切なことなのであった。

これればかりでなく、私の三四年半におよぶ無実の獄中の苦難に対し、刑事補償だけでなく「公務員が、その職務を行うについて、故意又は過失によって違法に他人に損害を加えたときは、国又は公共団体が、これを賠償する責に任ずる」とする国家賠償法に基づく、国の責任を求める国賠訴訟を提起できなかったことは、弁護団による経済的理由その他による配慮の結果であることと思われるが、私には残念であった。私のアリバイ成立を見落としたこと、「故意」でないなら、明瞭な「過失」であるから、国家に「賠償する」責任のあることは当然だからである。

その後、刑事補償の請求には、弁護人は私を連れて裁判所に行き、請求書を提出した。裁判費用請求の方は私は全く知らされなかった。後日、刑事補償が全額認められた折、「尾崎さんが三〇〇〇万円寄付せよ、と言うている」として荒木弁護人が受け取り、一五〇〇万円は日弁連人権課の方に行き領収書が確かに来た。だが、残りの一五〇〇万円は荒木弁護士が熊本弁護士会の会長選に出馬し、この運動費に使ったのか、他の弁護士に費用は渡されていない。

裁判費用の方は、翌年支給され、その全部が日弁連にふりこまれた（『続・再審』）。

この金銭問題が私の前著『死刑囚の手記』（イースト・プレス、一九九四年）に出たことから、人権擁護委員長から告訴するというお叱りの書面をもらった。私の方はむしろ告訴されることを期待していたが立ち消えになり、反面、全国の弁護士から、私は顰蹙をかった。ただ不思議なことに、この金額がどこにいったのか、私は領収書さえ受け取っていない。

私は、私の冤罪を晴らしてくれたこの弁護団に衷心から感謝しているのである。しかし先にも述べたように、私の再審裁判の開始決定、特に再審無罪判決以後の対応の仕方をめぐって、若干の意見の対立のあったことも事実である。弁護費用等をめぐる不協和音については、礼儀をつくして穏便な解決を、ぜひ図りたいと考えている。この国から、司法の犯罪とも言うべき冤罪を廃絶するためにも。

熊本から大牟田へ

獄中にいる頃に、私は多くの死刑囚を刑場に見送った。その一人一人の最後の言葉を聞き、握手を交して来た私は、冤罪が絶えない限り、この国から死刑だけはなくし、それに代わるものを理解ある方たちと一緒に考えて行きたいと思った。

幸い私のような男にも理解ある女性にめぐり会えて結婚し（一九八四年）、慈愛園に潮谷先生から借りていた住まいを出て、熊本から大牟田（福岡県）の女房の家に住まわせてもらうこととなる。この後、北は北海道から南は沖縄まで旅行し、獄中体験で見たこと、聞いたこと、そして考えたことなどを話して歩いた。

その間、財田川、松山、島田等の無実の再審裁判の支援にも向かった。裁判官の「無罪」のひと声に、裁判が終わって弁護士方と笑顔で出てくる元被告人たちの姿を見て本当によかったなーとつくづく思った。

でも、私のときは無罪になって出られたが、彼らが拘置所から身体が本当に解放されるか否か、この問題に頭が一杯で、出られなかったら、今までと同じく無罪を言い渡され拘束されて、一生、監獄に入れられているのだろうか？　と心底思ったのである。

幸いに、釈放の法律はないが、死刑囚の再審無罪の場合、三者が話合って被告人に類して釈放ということで、私の他、三人の元死刑囚はいずれも解放された。ただし、島田事件の赤堀君は、一九八九年（平成元年）に至ってであるが。

ところが、法務省いや法曹界が「これら四件は、戦後処理であって、やむを得なかったが、以後、確定死刑囚の再審裁判が開かれることはないであろう」と言い、これらの判決で重要な役割を果たした最高裁の白鳥決定や財田川決定があるにも拘わらず、以後、確定死刑囚に対する再審請求は棄却され続けている。

名張毒ブドウ酒事件（一九六一年）の奥西勝氏、波崎事件（一九六三年）の富山常喜氏および袴田事件（一九六六年）の袴田巌氏、そして三崎事件（一九七一年）の荒井政男氏等々まだあるが、死刑判決の言い渡しに絶対必要な、犯罪の証明がないか（刑訴三三六条）、または無罪の明白な証明がある、にも拘わらず度重なる再審裁判の請求が証拠及び事実調べもなく棄却のひとことで処理されている。

天皇制神権主義とわが国の裁判官

私が上京した際、若い方が側に来て「私は立山です。父が間違ったことをして」と詫びられたことがある。それといえば一審八代支部の陪席裁判官・立山潮彦氏と思うが、この真面目に見える若い息子が見て分かることが、父親の職業裁判官には分からなかったのである。真面目な、裁判官の子息に、私は敬意を表すとともに、改めて裁判官とは何か？　真剣に考えさせられたのである。

実際、全国をまわって驚くことは、私の獄中体験を話した後に出る質問は、きまって、

「真犯人は？」

「被害者は？」

「もらった金は？」

「泊まった所から事件現場までどのくらい離れている？」

などである。これらの質問はすべて、興味本位に私の無罪を疑っているのだ。あれほど明白な私の再審裁判の無罪判決を信頼していないのである。その愚かさ、空しさについては聖書の言葉も使って、先に述べたのでここでは繰り返さない。

ここで私が特に強調したいことは、わが国の裁判官が如何に国民に信用されていないかということを、これらの発言が如実に示している点である。

私の再審無罪判決は、アリバイの成立だけでなく、数々の冤罪の証拠によって、論理的に一点の疑念もなく論証されている。その真正な無罪判決を信じることができないのは、愚かとしか呼ぶことはできないが、彼らを愚かにした原因は何処にあるだろうか。それこそ、これまでのわが国の裁判官と称する人物たちが、国民に信頼されるような、何処からみても一点の合理的な疑いをも抱かせることのないような判決文を書くことができなかった点にあるのだ。

この国の裁判官が、合理な疑いを入れる余地のない明白な判決文を書くことができなかった原因は、旧憲法五七条の「司法権ハ天皇ノ名ニ於テ法律ニ依リ裁判所之ヲ行フ」を金科玉条とし、「天皇ノ名ニ於テ」言い渡す判決に誤りはあり得ないという、バカの一つ覚えともいうべき、架空の神権主義に依拠し、敗戦を経ても、裁判に暗愚な国民をいいことに、戦前の裁判官は誰一人誤った裁判の責任を取ることなく、新憲法になっても居座り続けた。その無残な歴史にあることは言うまでもない。初めに述べた、最高裁裁判官に対する国民審査の欺瞞性を是非想起されたい。簡単にいえば、私がこれまで訴えてきた、拝命思想すなわち神権主義こそが、わが国の裁判官を誤らせた張本人だったのである。

天皇と裁判

戦前の教育では天孫降臨ということを教えられた。天皇の源は天上にあって、ここから降臨してこの島を支配している族を征服したというのである。この日を紀元節と定め、お祝いを行わせる。この日を休日とし、学校では午前一〇時から行事がある。生徒は奉安殿から講堂入り口まで並ばされる。校長が教育勅語を恭しく頭上に捧げ講堂に入るまで低頭して待つ。

私は何が入っているか気がかりで校長の行動を見ていた。すると私は頭をいやというほど殴られてその場にかがみ込んだ。式が終わってから受け持ちの先生から「このふとどきものが」と叱られ打たれ、あげくの果てに黒板の下に中かがみの罰を受けた。そのまま私は放置され、先生は帰ってしまった。

翌朝、先生にわびる私を教壇の横に立たせ、悪の見本みたいにみんなに私を晒し者にした。当時の教員は天皇の教育兵士で実に生徒への扱いが厳しい。

私は獄中で安田徳太郎著『人間の歴史』六巻や人類の地球上における行動を記述した本を読んだ。そして外に出てからは、天皇制について研究者の方の話も聞いた。

私がなぜ天皇制にこだわるか。それは前にも書いたが、この事件で刑事が、「我々は戦争には負けた。けれど天皇は実在しその天皇から公職を戴いた警察だ。水飲み百姓と一緒にするな」

と私を罵倒し、私の生命を無視した行動が許せないからだ。そして私と同じく犠牲となった者が少なくないからである。

明治政府は「天皇は神の子孫である」という明治憲法をもとに、憲兵および司法界、そして軍隊をもって天皇制を強固なものとしていった。民衆の声を暴力で押さえつけ、隣国に侵略を行い、靖国神社を建てて天皇のために戦って死んだ者を神として合祀した。しかし民を無視する国は栄えた例はなく、二つの原爆で敗戦を迎える。民主国家として日本が再生し、欧米に追いつけ追い越せと努める。しかし盆栽の花は美しいが実が付かない。一日も早く、天皇という名がこの島から消える日が来ることこそが、真の民主国日本が生まれる日だと私は思う。

欧州への旅

私に、フォーラム90（死刑廃止国際条約の批准を求めるフォーラム90）及びアムネスティ・インターナショナルの皆さんの強い支援で、欧州における第一回死刑廃止世界大会及び欧州評議会に参加する機会が与えられた（二〇〇一年）。この度の大会に参加し、特に学びたい問題が二つあった。それは再審無罪判決における人権の復活である。私は確かに無罪判決は受けた。しかし「確定判決の取り消しもない」「年金の支給がない」「司法界は責任をとらない」のである。この問題と死刑を廃止して代替の刑をいかに定めているか、これを知りたかったのである。

この旅には私のみでなく女房も行くことになり、この手続きに久留米まで二度行く。二週間

第1回世界死刑廃止会議にて（写真提供・アムネスティ・インターナショナル日本）

という長旅の支度は容易ではなかったが、やっと整えて上京した。東京の浜松町まで出て、アムネスティの事務所が分からず困っているところに、木下信男先生が迎えられて大変感激する。三人で昼食を済まし、タクシーを呼んでやっと事務所に着く。

翌日、六月一七日一二時、安田好弘先生、江頭純二、高田章子さんその他多くの方々に見送られ、成田空港を出発、初めての海外旅行へ向かう。ミラノ経由でローマに着いたのは一三時間後だが、時差の関係で陽が高いところにあった。

六月一八日

この日から毎日早く起きて食事もそこそこに行事に参加。私は死刑囚という奇怪な人物と放送され、もの見高いは人のつね、毎日記者会見で時間がない。バチカンで法皇に会う予定だったが会えなかったのは残念だった。

六月二一日

フランスのストラスブールに行って、第一回死刑廃止世界会議のとき、玄関で雑談していた。そこに紳士が来て笑顔で私の手を取り握手される。私は通訳の方を見ると、紳士の方と言葉を交わし「おめでとうと言われている。チリの法務大臣です」と聞かされ、握手の手はもとより身体中がふるえた。なんとか落ち着きを取りもどしていねいに頭を下げて「ありがとうございます。御多忙のところ、よくおいで下さいました」と言って握手に力をこめ握り返し別れた。

私はしばらく法務大臣が入って行かれた廊下を見て立っていた。日本の法務大臣がこれほどの心遣いをするだろうか。私が獄中で再審請求中、社会党の坂本代議士を通し法務委員会で「検察が持っている書類を開示して欲しい」と頼んだとき、大臣は「書類が多く、捜しているが見当たらぬ。もうしばらく待ってほしい」と言って出さず、今に至るまで一七点の証拠及び書類は行方不明である。

そばの通訳の方に、欧州における刑事裁判で無罪判決後の身分回復について尋ねた。日本と違い人権の回復は十分に尽くされる。前述したカナダの神父さんから教えて頂いたことが分かる。これは民族の歴史ゆえと思う。

しかし日本の場合はこの民族性がつぶされ、一様化され、宗教もマスコミも権力に癒着し、因果の構造内で、欧州大陸から見て、小さい島国で刑務所の受刑者がレンガの色のみ見て暮らしているにひとしい思いがする。

地球上の環境から、欧州は暗い感じを受けるけれど、個人がのびのびと自由に行動されている。日本人のように細道をコソコソ歩いている姿とは違う思いがした。

チリの法務大臣のように、軽々しく私のような男に握手を求めることは夢のまた夢というのが、この国の実情である。一日も早く国民が民主主義を自覚し、天皇制を廃して政治を国民の手にすることを、老い先短い私は、心から願う。

米国のテキサスで無実で死刑判決を受け二一年も人生を費やし、やっと無罪になりこの大会に来ておられる方に会って、米国の司法実態を聞いておどろく。日本と同じく、再審で無罪になっても、確定判決の取り消しも、年金の支給もなく、司法界も詫びの一言もいわないと聞いて、米国も冤罪者作りは同じことをすると、改めて米国を見つめ直した。

欧州に来て初めての日曜を迎え、明治大学の菊田幸一先生に「明日は日曜です。どこか車で連れていって下さい」と頼み、先生は各自の希望をとられ、結果は遊覧船に乗りにいく者と二分した。

ホテルから車で行くこと数十分。町が切れ雑木林が切れて、広々とした小丘が青々とした色を浮かせて無限にひろがる。その中に人家もある。なんだろうと集中している間に、小麦が、トウモロコシが、そしてブドウが見え、ここのブドウは一本一本孤立しているのは珍しかった。まもなく町があり車から降りた。町の入口には古い門があって、そこを通ると各家の窓には花がおかれ、窓から花がこぼれ落ちそうに咲き誇り、ブドウを中心にした観光の町と聞いてなるほどと思う。

2001年11月、ソウルで行われた第2回アジア・フォーラムで講演する（撮影・大島俊一）

　六月二五日、欧州評議会。人権委員会で私がスピーチし、講員会議で福島瑞穂参院議員がスピーチされて、翌日は市民集会で記者会見してフランスでの日程は終わり、パリからドイツのボンに向

近所の川でウナギを捕る

かい、アムネスティ支部の人に会って交流してから帰路についた。

欧州の二週間の旅は本当に多忙で行く先々で報道関係のインタビューで追い廻され、「日本は明るくて、平和で犯罪などない」と聞いていると聞かれたときは返事に困った。

欧州の旅も終わり、フランスからドイツに行く電車で私の通路向いにおられた、菊田先生が「この辺りは国境だが」と一人言のよう言われるから思わず「税関は来ないですか」と尋ねたくらい欧州は、一国が多く集合し同盟を作り、自由に行き来し、異にした民族が政治と宗教は独立し、人命尊重に死刑をなくし、更生を重視されている様は、長い歴史の証左にほかないと思う。

私は三〇年以上獄中にいて、人殺しのレッテルを貼られて処刑されていく方々と多数接した。この中には誤判、冤罪等で負わされた罪で、裁判官の性格に左右された判決による犠牲者が多くいた。これ以上司法による犠牲者が出ないようにと社会の方々に願う一念で、これからの残された人生を生きたく思う。

私は、現在七八歳である。私には、なお生きていかなければならない使命がある。

余命は、必ずしも多くはないが、はやる気を抑えながら、長期の壮大な問いに、一歩一歩挑んで行くこととしたい。

第三次再審開始決定（西辻決定）

ここに掲載するのは一九五六年八月一〇日、熊本地裁八代支部での第三次請求での再審開始決定（いわゆる「西辻決定」）である。

西辻孝吉裁判官たちは多数の未開示記録を取り寄せるとともに五〇人に及ぶ証人を取り調べ、免田さんの事件当日のアリバイを認定し再審を決定した。

これに対し八代地検（藤井洋検事）が即時抗告、一九五九年四月一五日に福岡高裁は西辻決定を取り消し、再審請求を棄却した。その理由は「(西辻決定は）証拠の新規性を誤り、すでに原審で取調べ済みの証拠を新証拠として採用している」からだという。再審開始に必要とされるのは「無罪を言い渡すべき明らかな証拠をあらたに発見したとき」（刑事訴訟法四三五条六号）だという。西辻決定では、「石村証言が真実であることは、他の新証拠の取調で新たに発見された」として新証拠として認定しているのである。高裁の棄却決定は「法の安定性」のために詭弁を弄し、無実の人間を再び死刑囚に引き戻したのである。

福岡高裁が再審開始を決定するのは一九七九年九月だから、この西辻決定から二三年を待たねばならなかったのである。（編集部）

決定

本籍　熊本県球磨郡免田町〇〇〇〇〇〇〇〇〇〇
　　福岡刑務所在監
請求人　免　田　栄
大正十四年十一月四日生

右請求人に対する住居侵入、強盗殺人、同未遂事件につき昭和二十六年十二月二十五日言渡された上告棄却の判決により確定した第一審熊本地方裁判所八代支部の判決に対し、請求人から再審の請求がなされたから当裁判所は検察官藤井洋並に請求人の意見を聴き次のとおり決定する。

主文

請求人に対する標記確定判決に対し再審を開始する。

請求人に対する右確定判決による死刑の執行を停止する。

本件再審請求の理由は請求人提出の再審請求申立書、再審趣意書事件顛末書、上申書等と題する各書面に記載されているとおりであるから茲にこれを引用するが、その要旨とするところは、請求人にかゝる本件住居侵入、強盗殺人、同未遂事件は請求人とは無関係の事件であり、右犯罪の発生した昭和二十三年十二月二十九日午後十一時頃には、請求人は右犯行現場と関係のない人吉市駒井田町特殊飲食店「丸駒」に石村文子の客として宿泊し、昭和二十三年十二月二十九日午後九時頃から翌昭和二十三年十二月三十日午前八時頃までの間同女の許にあった旨主張し、右主張事実を証明する明かな証拠をあらたに発見したものとして、刑事訴訟法第四百三十五条第六号所定の「有罪の言い渡を受けた者に対して、無罪を言い渡すべき明かな証拠をあらたに発見したこと」を理由に、本件再審請求をなしているものと解される。そして、右請求を理由あらしめるあらたに発見された明白な証拠として取調を求めているものは、歸するところ、前記石村文子の証言に外ならないものである。

しかしながら、右石村文子は、原判決確定前に、既に第一審昭和二十四年三月二十四日の第二回公判及び同年七月十三日の第五回公判において、いずれも証人として取調を受け、第五回公判においては「請求人が丸駒に宿泊したのは昭和二十三年十二月二十九日夜から同月三十日朝までの間である。」旨前記請求人の主張に符合する証言をなしているものである。しかるに、右証言は原判決において採用されず、却て、原判決においては第二回公判における石村文子の「請求人が丸駒に宿泊したのは昭和二十三年十二月三十日夜から翌三十一日朝までゞある。」旨の証言が採用され、この点に関する第二審判決理由によれば、「被告人（請求人）が右特殊料理店丸駒に宿泊したのは本件犯行の翌日すなわち、昭和二十三年十二月三十日夜から翌三十一日朝にかけてのことである。」と認定されているものである。しからば、本件再審請求は右石村文子を取調べるまでもなく、右証言によりあらたな証拠を発見できるとは考えられず、一見再審請求の理由は存在しないものとして棄却すべきもの、ようであるが、なお仔細に請求人の請求を検討すると、請求人は前記石村文子の証言第一審第五回公判の証言が真実であって、右証言の真実性をあらたに取調べを求める他の証拠によって立証し、以て右石村文子の証言が刑事訴訟法第四百三十五条第六号の「あらたに発見された証拠」に当るものとして、本件再審の請求をなしていることが判る。おもうに、刑事訴訟法第四百三十五条第六号に規定する「証拠をあらたに発見したとき」とは証拠の「発見」があらたなことをいゝ、その「存在」が原判決の以前より継続すると、その以後あらたに発生したとを問わないものと解すべきであり、（昭和二十七年七月十七日東京高裁判決、高裁判例集第五巻第七号一一六三頁参照）、その新証拠の性質、種類に関し、何等の制限も附していない（大正三年九月六日大審院決定刑集三巻六六六頁参照）ものであるから本件石村文子の第五回公判における証言のように、原判決確定前に存在し、且原判決において信用できないものとして採用されなかった証據であっても、右証據に關連するあらたな証據の発見により、右採用されなかった証據につき原判決前に発見できなかったあらたな証據価値を発見したときは、これを「証據をあらたに発見したとき」に当るものと解するのを相当と考える。そして、右証據が信用すべきものであるとせば、確定判決の基礎となった事実認定を左右すべきものである以上、これを「明かな証據」ということもできるから、請求人の本件再審請求の当否は右石村文子の第一審第五回公判における証言の真実性をあらたに発見した証據によって証明することができるか否かにかゝっているものといわねばならない。以下、項を分って右石村文子の証言を検討すること、したい。

第一、請求人免田榮（以下単に免田榮と略称する。）の司法警察員に対する自白調書の検討

㈠免田榮の昭和二十四年一月十七日附司法警察員に対する供述調書によれば、同人の供述として、「自分は昭和二十三年十二月二十九日午後六時二十七分免田発の汽車に乗って人吉に行った。汽車の中で人吉市駒井田町孔雀荘の溝部という女中と一緒で、自分は溝部から昨年（昭和二十三年）十二月二十日頃の飲食代の未払の請求を受けたが、汽車が人吉についてから孔雀荘に立寄るといって汽車の中では支払わなかった。自分は人吉驛で降りるとすぐ人吉驛通りの平川飲食店に免田から持ってきた荷物を預けた。その荷物の中には衣類と米二升がはいっていた。何故そのような荷物を人吉に持ってきたかと申すと実は昨年（昭和二十三年）十二月二十七日家内と別れてから実家におるのが餘り面白くなく何か外に仕事でも探そうと考えておったところ丁度自分が知合の兼田又市が一勝地村奈良口字又口の山で仕事をしておられるのでそこに行って働くつもりで、必要な作業衣を免田の実家（熊本県球磨郡免田町字黒田乙一四八三番地）から持ってきたようなわけである。自分が人吉驛通り平川飲食店に荷物を預けたのも丁度汽車の中

で孔雀荘の溝部から代金を請求されたので孔雀荘に行き代金を支払うのと、今から奈良口に行くのも遅いので、駒井田町の料理屋にでも遊んで行こうという考えからであった。平川飲食店に荷物を預けてから市内をぶらぶらして歩きまわり、(中略)午後八時頃孔雀荘に行き、女中の溝部に前記飲食代金千四百五十円中千円支払いしばらくして同家を出た。(以下犯行の點中略)翌昭和二十三年十二月三十日朝十一時頃、二十九日荷物を預けた平川飲食店に行き、そこで荷物を受取り更に城内に引返し、城内に午後五時まで休んだ。申遅れたが荷物は城内の石垣の間に隠して市内をうろつくときは手には何も持っていなかった。三十日の午後八時頃駒井田町の「丸駒」料理屋に行きそこの文子という女に上り、翌朝八時文子に千百円渡して「丸駒」を出て午前中は市内をうろつき廻り午後四時過ぎ人吉市蟹作町山波政吉方に行き一泊し、翌日昭和二十四年元旦の朝人吉に行く途中人吉市の城内に隠しておいた荷物をとり、その荷物を持ってその日午後十一時の汽車で八代に行き午後一時過ぎ八代市に着き、そこで私は駒井田の「丸駒」で知合になった文子の実家を尋ねて行こうと決心して驛から文子の実家宮地町まで歩いて行き、文子の母親に駒井田で知合いになったことを告げ、文子を請出す話をして、同家に一時間位居り、宮地町の横山一男を尋ねて行き丁度同人が居て、夕食を食べて、その晩宿り、同家に三日の晩まで泊り、四日の八代発十一時半頃の汽車で奈良口驛に来てそこで私は直ぐ奈良口驛から徒歩で又口の兼田又市方に行き同人に荷物を預け、同家に四晩ばかり泊って九日の朝山を下った。」旨の供述記載によれば免田榮が兼田又市方に行った日時は昭和二十四年一月四日であることが了解される。

(免田榮が一勝地村俣口兼田又市方に最初に行った日は昭和二十四年一月四日か)

この點につき、

(一) 取寄記録(本件の起訴は昭和二十四年一月二十八日であり、新刑事訴訟法施行=昭和二十四年一月一日＝直後の事件として公判においては、物証、検証調書、鑑定書等を除き、全部直接証人尋問の請求がなされており、警察官竝に検察官の面前における關係人の供述調書は大部分公判において取調請求がなされておらず、検察庁に保管されているものである。当裁判所は検察官の同意を得て、職権を以て右記録を取寄せ取調べた。）中、平川ハマエ（当時四十五年）の昭和二十四年一月十七日附司法巡査に対する供述調書中同人の供述として、「私は昭和二十三年五月から人吉市中青井町新生市場内で飲食店を営んでいたが、同年十月七日火災に遭い、その後十一月頃から現住所の人吉市中青井町番地不詳地で飲食店を出しているものである。私が免田榮と知合ったのは昭和二十年五月私等が大阪から引揚げて、熊本県球磨郡木上村に引揚げてきて翌年二月頃同郡免田町字オ園という所の宮原初蔵方の隠居家を一年ばかり借りて居た当時、同人の妻が榮の父の叔母に当る者で、その頃から榮と知合いになった。私方と宮原初蔵方とは私方主人の妹の縁家先の母と初蔵の妻とが姉妹にあたる關係から宮原の家を借りていた。私方に昭和二十三年十二月二十九日に免田榮が来たことについて申上げるが、同日午後七時過頃だろうと思う私方に私の子供と二人居るところに榮が入ってきて「荷物を置かせて下さい」というので、私は「何処に行くのか」というと、中神とか、中原とか言ったようであるが、「行って来るから明朝迄置かして下さい。」といって、黒の風呂敷包と黒のオーバを預けたのである。風呂敷包は幅一尺位で長さ一尺五寸高さ一尺位のものを紐の様なものでしばってあった。私は「店においてはお客が来るのでなくなってはいけないから、中の方に置きなさい」というと榮は自分で私方居間の方に置いて行ったのである。そのときの榮の服装は上下共国防色の白けたものを着ていたようであり、帽子は冠っていなかったようであり、履物や他に所持品等あったか記憶しない。翌十二月三十日には午前十時か十一時頃私の家に来て荷物を持ってすぐ出て行ったのであるが、そのとき何か食べて行ったか食べなかったかはっきり覚えていない。翌日の服装も前の日の服装と同じであった。帰るとき私が何処に行くかと問うと、免田榮は「家に歸る」と言って居た。免田榮が私の家に二十九日の夕方來た時も翌日來たときもそんなに永くおらず、御茶もやったような氣は致さないので話も餘り致していない。（中略）榮は今度私方に來た外にはその二、三日前主人が居るときお金を貸せと言って來たそうであるが、主人が反対にこちらが借り度いと言って断ったそうで、その他に來たことはない。」旨の供述記載

㈡　取寄記録中平川ハマエの昭和二十四年一月二十四日附検察官に対する供述調書中前同旨の供述

㈢　取寄記録中、村上キクエ（当時三十六年現在死亡）の昭和二十四年一月十八日附司法巡査に対する供述調書中同人の供述として、「私は昭和二十一年九月初から熊本県八代郡宮地村宮ノ前に居住しているものであるが、本年一月元日に私宅に参り、刑事だと称し、又娘のことについて申した年齢二十四歳といった男のことについて申上げる。その男は元日の午前十時頃私宅に参り、自分は熊本の警察から來たと申すので二階に案内して話を聞いたところ、あなたの娘さんで文子さんが人吉におられるでせう実はその人の件についてお尋ねに來た。その文子さんとは一、二回おつきあいして好きになり、話を聞いてみると、二、三万円あるとかで、可愛そうであり、自分が請出しても自分が自由にするのでなく、あの人の自由に委すつもりであるあなたの手に渡すつもりでおると申すので、私はあなたとは初めてゞあるし、そんな同情をして戴いてもそんなわけに参りません。たとえ娘とどんな約束で見えたか知らないが、私としては絶対にその事については反対します。と申すと男は自分も八代えは初めてゞなく大石組に働いて居った当時朝鮮人を叩いて逃げたのは自分である。その後八代えは一回も來なかったが八代に居たとき横山一男を知っておるので、その人を尋ねて行

くつもりであると申すので、私はその横山という人は朝鮮人ではないか、私達はそんな土方なんか知りません。あなたは大石組に働いていたなら、概山というのがいた筈であるが知っているかと申すと一寸考えてうんよく知っていたあれは自分の弟分だったと申すので、私はこの男は初めから変な奴と思ったが、その服装その言葉から、信用しなかったし、娘のことについても、その人に娘の事は益田さんに話してあるから心配して頂く必要はないと申すと、うん益田さんは八代に居て驛でスリを捕えてその手柄で学校えも行かずに刑事になった人だ。益田刑事の奥さんは自分の家から半道位しか離れておらない。こゝから萩原に行く位しか離れていないと申した。私はそのような都合なら益田さんにお願しておるから、あなたが直接逢って益田さんに話して下さいと申すと、それではそんな風にしようといって、時計を見るので、私はそれでは今夜人吉の方に歸るかと尋ねると、父と一緒に來ているから、今夜八代に宿ると申し、その間正月ではあるし、御神酒を出したので、その男の歸る時は午后二時頃だったと思う。そんな話の結果であったので、その男が八代に宿っていてどんな事を仕出かすかは分らないので、他に近所に用事もあったのであるが、その夜は外に出ることもできなかった。その男の服装は茶色中折帽子で白のマフラ、下に黒のワイシャツで上に白のワイシャツと縁の破れたチョッキ、服は国防色の薄いもので、ズボンは少し目の荒い国防色で、黒のズックで紐は白黒のまだらなもので布製チャック付の手提カバンを持ち、もう一つ上衣の上に黒地の上に赤の筋の通ったマフラをして居た。又靴下は汚れた白の破れたものをしていた。右の様な始末で、初めから信用していなかった。然し娘の文子が來たとき、確か本年十日頃來たので、その事についてやかましく申して置いた。そして男の來た翌日村の駐在所に届けて置き部長さんが六日頃見えてその事を詳しく話して置いた。その男は十八日に來る様に言っていたので、氣が悪くしていた次第

である。」旨の供述記載

㈣　取寄記録中横山一義（当時二十六年）の昭和二十四年一月十九日附司法巡査に対する供述調書中同人の供述として、「私は八代郡宮地村字猫谷護真寺に居住し、昭和二十一年一月頃から大石組の飯場にて鳶職として今迄働いているが、免田榮について知っていることを申し上げる。免田を知ったのは、昭和二十二年二月頃肥薩線の鐵道排水工事のとき約十五日位と思うが一緒に働いた關係で知合いになった。その後二、三回遊びに來たがその都度宿って歸った。本人は仕事は真面目でなく、父と争事をしていた様な口振りであった。本年（昭和二十四年）元日の午后六時頃と思うが、免田が久振りに私宅に参り、宮地や段の方に馬買いに参り三頭いるから父より一汽車先に來た。夜八代驛前の旅館で父と一緒になる約束をした。そのついでに人吉にいる女の親が妙見さんの前に居るから調べに來た。そして家に寄って話をして來たと申し、丁度雨が降ってきたので、本人は傘を持ち乍ら道が悪いから父とは明日馬を買う処で逢えばよいから今夜宿らしてくれといって宿った。翌日二日の朝八時頃馬買いに行くと言って出て行ったが私は年始廻りに行き、夕方四時半頃歸って來ると免田は又私宅え來ており、馬は買ったが、人に頼んでやったから父が段の驛にいたから金千円貰って來たからと言い焼酎と肴を買って來て飲んでおり、焼酎は一升でイワシは七百匁位あったと思うそれで一緒に飲んだ。そして午后八時半頃魚買いに行ったとき宮地の戯場で何かある風であったから、俺は行ってくるひょっとしたら彼女が來ているかも知れんと言って出て行った。彼女というのは前仕事に來ていたとき知った女で、宮地の麓の女でよく知らないが、文ちゃんとかいっていた。約一時間ばかりしてから歸って來て一緒に寝た。三日の朝十時半頃今日は歸ろうといって家を出たが、雨の中を午后三時半頃と思う文ちゃんと一緒に來て前日の焼酎の残りを私と飲み、女は夕方歸るのを途中まで送って行き、引き返して來てその夜も又寝て行った。一月四日の朝八時頃段の驛から乗るといって歸って行ったが、馬買いの話の後、自分は今奈良口の山奥に伐採に行っている。一日に五百円位になるといっていたので、これは変だと思った。免田は仕事に來ていたころからうそをいうことが大したもので、信用にならぬ男であった。結局免田は私方に三日宿りましたもの、一銭も払っておらず、今度來るときは何を持って來るとい丶ますが、一度もそんなことはなく、うそばかりであった。」旨の供述記載

㈤　取寄記録中、兼田ツタ子（当時三十一年）の昭和二十四年七月九日附司法巡査に対する供述調書中同人の供述として、「私は昭和十八年十一月頃現在の夫兼田又市と結婚したが昨年（昭和二十三年）盆前に免田町農学校通りの藤田さんの世話で奈良口の奥の又口に細川さんの山の伐採に従事して本年（昭和二十四年）の一月十日まで働いた。免田榮が山に來たのは昨年（昭和二十三年）暮の三十日の午后三時頃と思う。私が山に薪取りに行って歸った時は本人は來ていて家に上り主人と話していた。当日を記憶しているのは正月の餅つきの段取りを話していたので、覺えている。当日は主人は奈良口まで、食糧の配給取りに下っていましたが歸る途中でどちらかゞ追付いたそうであります。その夜は私宅に泊り主人に山の仕事があれば、世話してくれと言っておりました。（榮は）翌日三十一日午前八時頃西ノ村の母の本家に行くといって歸ったが、（自分達は）餅をつく筈のところ、遂につかず、元日の日におはぎを作って食べました。正月の三日頃主人が上村や免田に行って三晩泊って四日目の午後二時歸ってきた。免田は前日の九時頃家から來たといって自分方に來て、主人が歸って來た日の朝八時頃二番で家に歸るといって出たが、その日の夕方また來たので尋ねたら、伊藤イチの息子が一緒に明日人吉に行こうと言ったので行かなかったといって、又その夜も私宅に泊った。七日の朝八時頃榮は私宅を出たが、そのとき夜具を持って來ると言ったが何時來るとは言わなかった。十日に、餘り雪が

降り続くので仕事もできず食込むばかりだから私の方に歸って何か仕事をするために上村に歸るべく夜具を持って家内中歸る途中放床の上のところの道路で登ってくる榮と出逢った。そのとき榮は鐵砲をかついで、ゴザのまくったのを腕に抱いて、風呂敷包を一つ下げていた。主人は（榮に）雪が降って仕事ができないから当分歸って來る。と申した。榮はフトン等持って來たが奈良口の煙草屋にあづけて來たと言った。主人はまた、自分達の道具はまとめて有村さんに預けて來たと申した。私達は（山を）降り、榮は登って行った。そのときの榮の服装は国防色の上下にズックを履いていた。私達はその後山に行かない。榮の事件があってからその父の榮策が二回位遊びに來たが、最初のときは息子が大それた事をしたので面目がなくて外にも出られぬといって大分しおれておったが、二日目のときは息子がした事ではないそうな初から本当のことを話せば良いのに、馬鹿な奴だと言っていたが、そのために大分金を使って今はきつい様です。その外に主人が人吉裁判所に呼ばれる前の晩に榮が山に來た日は何時だったかと私に確めたので前に申したように話した」旨の供述記載

㈥　第一審取調済（五五九丁）兼田又市の昭和二十四年一月十七日附司法巡査に対する供述調書中同人の供述として、「昭和二十四年十二月二十五日、六日一勝地村字奈良口の食糧配給所に米を取りに行って歸途で休んでいると、免田榮が追い付いてきて、私に「今日山に上ってきた。仕事をさがしてくれと言った」それから一緒に連れ立って私の住んでいた家に行ったので、その当時は毎日雨続きで、仕事ができず、一、二日私の家に居たが、免田が言うには「鋸もよきも持たぬし配給も受けねばならないからこのオーバをかたに千円借りてきてくれ」と言って毛布で作ったオーバを私に頼みましたので私は同じ部落の相村（後出相村長之助のこと、「あいむら」は方言と認める。）という人の家に行きそのオーバ一枚を抵当において七百円を借りて來て

免田に渡した。その翌日免田は「下りてくるぞ」と言って山を下ったので、鋸やよきを買ってくるものと思っていた。私はその後本年（昭和二十四年）一月二日山を下って球磨郡上村や免田町の方に行き一月五日に山に上った（家に帰った）のであるが、歸って一時間か二時間位して午後四時頃免田が自分方にきた。免田は私が留守中二、三晩泊っていたそうでその日山を下ると言って出かけたそうですが、雪のため途中で引返したと言っていた。その晩は又自分方に泊り、その翌日免田が自分で着ていたズボンを出してこれで千円借りて來てくれというのでそのズボンを持って同部落の前床キワノの家に行きズボン一枚抵当に八百円を借りてきて免田に渡した。免田はその金を持ってその日山を下った。それから本月十日に山の仕事もできず（自分達は山を引越して下る途中で、免田が山に上るところに出会ったので、私は「今山仕事はできないから人吉に行くところだから行こう」と言い、「山には夜具もないのにどうするか」と言うと免田はどうにかなるだろうといった。免田は何時も白けた国防色の洋服を着ており、ズック靴をはいていた。二回目に來たとき私の地下足袋が破れているのを見て私に自分の地下足袋一足を呉れたのでそれでは貸せといって、私が借りたがこゝに持っているから差出します。（警察官領置）免田が一回目にきたとき私が免田の家を尋ねると、自分は今妻とも別れているが、仕事でも見つけたら呼戻そうと思っていると言っており、二回目に來たときは私が免田の家に行って免田の父が（榮のこと）「親でも子でもないから家には寄せつけない」と言っていたのでそのとおりに言うと免田は「よし、そんな事を言っていたら、財産でも何でも取上げてくれる」と言っていた」旨の供述記載

(七)　第一審取調済（三四八丁）兼田又市の昭和二十四年一月二十四日附検察官に対する供述調書中同人の供述として「昭和二十三年十二月二十五、六日頃確な日は記憶にないが、自分が那良口の西という主食の配給所で配給を受けた日と

思っているが豫告なしに榮が私方を訪ねてきて山に登って來たから仕事を捜して呉れと申して頼むので、私も自分と一緒にやったらよかろうと承諾してその晩一泊させた。榮は私方に來た晩毛布地見たいなもので作った「オーバ」を私に渡し、金を借りて呉れというので、それを抵当にして俣口の相川（後出有村のこと）という人から七百円を借りて與えた。（榮が）私方に來た最初のとき持って來た荷物は戦時中防空幕に使用した黒い紙に包んだ物一個であったが、横一尺二、三寸位に包んだ僅かばかりの品で、内容は知らない。（榮が）俣口にいた当時の服装は上衣は国防色ダブルカラーの詰襟、ズボンは国防色ズボンであった。」旨の供述記載

(八) 取寄記録中兼田又市の昭和二十四年一月十八日附司法巡査に対する第二回供述調書中同人の供述として、「免田榮が私方に預けて置いたものがあるが、今度山を下ってくるとき家には誰もいないので、殘しても置かれず私の荷物と一緒に持ってきている。この荷物は黒のカーテンで包んだもので、中には作業ズボンや黒の印絆天等が入っておる。係官の方で印絆天が入用とのことであるから提出する。」旨の供述記載

(九) 第一審（一三五丁）の証人兼田又市に対する昭和二十四年三月四日附証人尋問調書中同人の供述として、「榮が最初に來たとき風呂敷包を置いた儘山を下りた。（中略）警察から調べに來られたとき見ましたら破れた法被等はいっていた。（中略）証第六号は榮の風呂敷にはいっていた絆天である。」旨の供述記載

(十) 取寄記録中有村長之助（六十一年）の昭和二十四年八月二十三日附司法巡査に対する供述調書中同人の供述として、「自分は球磨郡一勝地村字三ケ浦乙二二五四〇番地で林業をやっている。兼田又市がオーバを持参して金を貸した事がある。月日ははっきり覺えていないが（今年になってからは間違いない）雪降りの四、五日前頃通称牛小屋にいる兼田又市が一人の青年を連れて私達が夕食を済ませた八時頃と思う。このオーバを置くから金を貸して呉れといって風呂敷

包を開けてオーバを畳の上に出したので、私達はそのオーバは良い品でなかったが兼田がたのむので只一時そのオーバを預った。そのオーバは生地が軍隊の毛布の様なもので、色はさめて毛も抜けて糸目が出て白とも青ともつかぬ様な色になっていた袖口は破れ裏はなかった。それから四、五日位してから朝兼田が一人來て実は上あげに行ってくるが寒いからオーバを貸して呉れというので可愛相と思いオーバを出してやった。兼田はそのオーバを着て出たが、そのオーバも貸した七百円もそのまゝ現在まで私達は受取っていない。兼田又市が金借りにきたとき、一緒にいたのが免田榮であることを後で聞いた。」旨の供述記載

㈩　第一審取調済（七五四丁）免田トメノの昭和二十四年一月十七日附司法巡査に対する供述調書中同人の供述として「私は熊本県球磨郡免田町字黒田乙二一八三番地に居住し、農業をしている。私は榮策の妻である。榮は榮策の前妻ウメノの次男で、私はウメノ死亡後昭和十七年に後入れとして來たものである。榮は妻のアキエが榮が仕事も餘りしないので身切りをつけ歸ってしまってから家にも寄りつかず、昨年（昭和二十三年）十二月二十五、六日頃だったと思う一勝地の方の山仕事に行くと申し、丁度当日は主人が居らないのに、移動証明書も取ってきたといゝその日は何も品物といって持ってゆかず出てゆき、その後本年（昭和二十四年）一月九日に歸ってきたが私方には宿っていません。その日は寝具を取ってきたといゝふとん一枚、敷布団一枚、毛布一枚を包み外に鋸はないか斧はどこにあるかといっていたが私はさがしてやらなかった」旨の供述記載

㈩㈠　第一審（一六三丁）証人免田榮策に対する昭和二十四年三月五日附証人訊問調書中同人の供述として、「榮は（昭和二十三年）十二月二十九日外出したまゝ歸って來ず、正月七日に一寸歸って來て布團を取りに來たといって布團を持って出たとのことを家内から聞いている。榮が家におらなかったのは球磨郡一勝地村の兼田又市

方に行き山の仕事をしていると思っていた。布團も山小屋に持っていたものと思う。兼田又市が自分方に來て榮の話をしたことはある。兼田又市は正月四日の晩來て一晩泊ってゆきました。兼田又市は、「榮が十二月二十五、六日頃來て山の仕事をするから世話してくれとい丶、その時六、七百円の金を借りて正月二日頃來るというのだが、親の承諾を得ているかどうか訊きに來た」といった。私は「榮は二十九日の昼家を出たきり分からなかったが、それは御世話になりました」と禮をい丶、「自分の家から山の仕事に出したのではない。弟の方なら出してもよいが榮は出されない」といった。旨の供述記載

(十三) 第一審取調濟（七六一丁）免田榮策の昭和二十四年一月十七日附司法巡査に対する供述調書中同人の供述として、「たゞ今妻の申上げた調書をお聞きしたがそのとおりである。（昭和二十三年十二月）二十六日に一勝地の山仕事に行くといって（榮）が出て行ったのも、本月九日に歸ったのも私が居なかったので知らない。一勝地には同（本）村から行っている金田又一を頼って行っていると思うが、金田と会ったとき（同人は榮が）百姓を好んからといって來たといったので、百姓を好かねば仕様がないが、山仕事もきつかろうにといって（二字不明）をいっていた様なわけである。金田又一が來たのは本年の（一月）三日四日頃だったと思う。」旨の供述記載

以上の証拠によると

一、免田榮は一勝地村字奈良口字俣口の兼田又市方に昭和二十四年一月四日に行き少くとも同月七日朝まで宿泊し立去ったこと、

二、免田榮が最初に兼田又市方に行った後、兼田又市は昭和二十四年一月二、三日頃から出身地の球磨郡免田町方面に旅行をなし、その際免田町字黒田居住の免田榮策に会って、免田榮が兼田又市方に山仕事を頼みに來たことを告げ、承諾を求めていること、

三、兼田又市は昭和二十四年一月五日頃右旅行から帰ったところ、その前日である同月四日

再び右兼田又市方に免田栄が來ていることを発見したこと、

四、免田栄が最初に兼田又市方に行ったときは免田栄は毛布生地のような「オーバ」及び戦時中防空幕に使用した黒い紙に包んだ横一尺二、三寸位の「荷物」を所持しており、右「オーバ」は兼田又市に依頼して、同部落の有村長之助から金七百円を借り受けた担保として同人に預けて置き「荷物」は兼田又市方に預けたこと、

五、免田栄が最初に兼田又市方に行ったときは午後三時頃同人方に到着し、一泊して翌日朝八時同人方を立去ったこと、

六、免田栄が兼田又市方に一泊して立去るときは右「オーバ」及び、「荷物」は所持しておらず右「オーバ」は有村方に「荷物」は兼田又市方に預けた儘であったこと、

が認められる。以上の事実によると、免田栄が昭和二十四年一月四日兼田又市方に行き、同人方に四、五日宿泊して立去ったのは、第二回目に兼田又市方に行ったときのことであり、免田栄はその以前に行き一泊しており、その際右「オーバ」は借金の担保として他に預け、「荷物」は兼田又市方に預けて立去っていることが明かであるから、免田栄は、昭和二十三年十二月二十五、六日頃以後免田町大字黒田の実家を実父栄策に無断家出した後、昭和二十四年一月四日第二回目に兼田又市方に行くまでの間（少くとも兼田又市が昭和二十四年一月二、三日頃免田町方面に旅行に出発するまでの間）に、「オーバ」と「荷物」を持って、一勝地村大字奈良口字俣口の同人方を訪ねて行き一泊していることが明白である。しからば、前記免田栄の司法警察員に対する供述調書中同人が兼田又市方に山仕事に行くため、昭和二十三年十二月二十九日衣類、米などを入れた「荷物」を持って自宅を出発し、昭和二十四年一月四日兼田又市方に到着し、右「荷物」を同人に預け、同月九日頃まで宿泊した旨の記載は、免田栄が第二回目に兼田又市方に行ったときのことを、その日最初に兼田又市

方に行ったように記載されている點において、事実と相違するものというべきである。果してそうだとすれば、右供述調書には、免田栄が実家を家出した後第二回目の昭和二十四年一月四日より以前に最初に兼田又市方に行った日のことが脱落しているものといわねばならない。

そして、免田栄が兼田又市方に最初に行ったときは、「荷物」と一緒に「オーバ」を持っていたものと認められるから、右「オーバ」と「荷物」の所在を探求することによって、免田栄が最初に兼田又市方に行った日を明かにすることができるものと考える。

前掲兼田又市の司法巡査に対する第二回供述調書中「免田栄が作業ズボンや印絆天のはいった「荷物」を預けたのは、第二回目に私方に來たときである旨」の供述記載は、爾余の前掲各証拠と対照し措信し難い。

第二、「オーバ」と「荷物」の所在

（免田栄が人吉駅前、人吉市中青井町平川飲食店事平川ハマエ方に「オーバ」と「荷物」を預けたことがあるか。）

(一)　取寄記録中溝辺ウキエ（当時四十四年）の昭和二十四年一月二十四日附検察官に対する供述調書（同人は昭和二十六年二月二十七日午後七時延岡市三千九百六十二番地で死亡しており、このことは、免田町長作成の戸籍謄本の記載、免田警部派出所巡査宮川勉作成の復命書によって認められる。）中同人の供述として「免田栄はよく知っておるが親類その他特殊な関係はない。私が昭和二十三年十二月二十九日免田駅から人吉市まで終列車で帰った際免田栄と一緒に乗合せたこと及びその前後の状況等は警察官に申上げているとおりであるが、私は昨年十一月六日から孔雀荘（人吉市中青井町五九五旅館）に勤めているが免田村に内縁の夫がいるので、正月の準備のため確実に十二月二十八日暇を貰って、免田に帰り一泊して人吉に來たのだから日時の點は間違ありませぬ、十二月二十八日午後九時三十分頃人吉発の終列車で免田に帰ったのですが、そのときも人吉駅で偶然栄に会ったので、免田まで同道した。そのとき十二月二十四、五日頃栄が孔雀荘に來て一泊した際、私共と一緒に忘年会の意味で酒など飲んだ時の支払がその儘になっていたので、最早節期も近づいたから、此の前の勘定は早くして呉れと催促したところ、同人は明日二番の汽車で人吉にでるからそのとき支払をすると申し別れた。二十九日の免田発終列車（午後七時十分頃人吉着の列車）に乗る心算で免田駅に行ったら、栄に再び会ったので、同じ汽車で人吉に來た訳であるが、栄はこの前の計算はいくらになっているかと聞くので、千四百五十円位と答えるとそれでは今夜千円丈け支払うから、後は暫く待って呉れと申していた。列車が人吉に着いてから栄は完全に列車が停止する前に飛降りて出たゝめ、自分は同人を見失ったので、所持金の都合が悪くて故意に自分から逃げたものと思って旅館に帰り入浴などして一時間も経過した頃栄が孔雀荘に來た。栄は汽車の中迄は黒布に包んで紐を掛けた一尺四方位の荷物を持っていたが、その晩孔雀荘に來たときは所持品はなく風呂に入って來たと申しており、額際の髪が多少濡れていたように見受けた。栄は私を通じてその晩千円を支払い彼是一時間位も遊んで帰ったから孔雀荘を出たのは午後九時半頃ではなかったかと思う。同人は駒井田の方に行く様に申した。私は十二月二十九日栄と一緒に人吉に來た際同人が前記荷物の外に鉈などを所持していたことは全く氣付きませんでした。孔雀荘の筋向いに木炭倉庫があるが同所は完全に戸締りができるようになっており、殊に夜分は庫内に入れぬと思う。その後私が栄に会ったのは本月七日午後四時二十分頃でした。その日孔雀荘の子供が七才になりますので、七五三の祝をして家内一同記念写真を撮った日であり、午後四時に写真屋が來て、丁度撮影しようとしていたとき來たのですからこれも日時の點は間違いない。その日も栄は女中部屋で一時間位遊んで帰った、このときは同人は奈良口方面から來たように申しており所持品はなかった。

栄は昨年十一月末頃から年末まで、三日位孔雀荘に投宿した。」旨の供述記載。

(二) 取寄記録中溝辺ウキエの昭和二十四年一月十六日附司法巡査に対する供述調書中同人の供述として「自分が十二月二十九日人吉に來るとき列車の中で免田に会ったとき免田は黒色の布切れのようなものに、一尺真角位あるものを包んで縄のようなものでしめたものを持っていた。」旨の供述

(三) 取寄記録中前掲平川ハマエの昭和二十四年一月十七日附司法巡査に対する供述調書中「オーバ」及び「荷物」の點につき同人の供述として、「昨年十二月二十九日に免田栄が來たことにつき申上げる。昨年十二月二十九日の午後七時過ぎだったろうと思うが私の家に私の子供と二人居る所に免田栄がはいって來て、「荷物」を置かせて下さい」というので、私は何処に行くのかというと、中神とか中原とか言った様でした。行って來るから明朝迄置かして下さいと言って黒の風呂敷包と黒の「オーバ」を預けたのである。風呂敷は幅一尺位で長さ一尺五寸位、高さ一尺位のものを紐のようなものでしばってありました。私は「店に置いてはお客が來るので無くなってはいかんから中の方に置きなさい」と言うと免田栄は自分で私方の居間の方に置いて行ったのである。その時の免田の服装は上下共国防色の白けたものを着ていた様で帽子は冠っていなかった様であり、履物や他に所持品があったか記憶がない。翌十二月三十日には午前十時か、十一時頃に私の家に來て荷物を持ってすぐ出て行ったのであるが、その時何か食べて行ったか食べなかったかはっきり覚えない。翌日の服装も前の服装と同じであった。」旨の供述記載。

(四) 第一審記録(三二〇丁)添付の運輸省編集時刻表によれば

一、免田栄は昭和二十九年十二月二十九日免田駅午後六時二十八分発の列車に乗車して人吉駅に同日午後七時十分に到着し下車するまでの間人吉市中青井町旅館孔雀荘の女中溝辺ウキエと同車していたこと、

二、右列車中で免田栄は黒布に包んで紐を掛けた一尺四方位の荷物を持っており、人吉駅に下車して一時間位経って孔雀荘に行った際には、右「荷物」を所持していなかったこと、
三、免田栄は昭和二十三年十二月二十九日午後七時過頃人吉駅前の人吉市中青井町平川ハマエ方に黒い風呂敷包の紐のようなもので結んだ長さ一尺五寸位高さ一尺位の「荷物」及び「オーバ」を預けたこと、
四、免田栄は昭和二十三年十二月三十日午前十時か十一時頃右平川ハマエ方で右「荷物」と「オーバ」を受取り立去ったこと、
が認められるから、右事実により、免田栄は昭和二十三年十二月二十九日午後六時二十八分免田駅発人吉行列車に黒い包に紐をかけた一尺四方位の大きさの「荷物」を持って乗車し、同日午後七時十分人吉駅に到着して、同駅に下車し、直ちに、人吉市中青井町平川飲食店事平川ハマエ方に行き、「オーバ」と右「荷物」を預け、翌昭和二十三年十二月三十日午前十時か十一時右平川ハマエ方で右「オーバ」と「荷物」を受取り立去ったことを認めることができる。

（免田栄が球磨郡一勝地村俣口兼田又市方に「オーバ」と「荷物」を持って行った事実）

㈠　前掲平川ハマエ、兼田ツタ子、兼田又市、免田トメノ、免田栄策の各供述調書
㈡　取寄記録中前掲有村長之助の昭和二十四年八月二十三日附司法巡査に対する供述調書（日時の點を除く）
㈢　取寄記録中兼田又市の昭和二十四年八月二十五日附司法巡査に対する供述調書中同人の供述として、「昭和二十三年十二月三十日午後四時頃免田栄が俣口の自分方に來た際金が無いから都合してくれ、このオーバで金は出さないだろうかというので、有村長之助に話し、同日午後八時頃同人から七百円を貸してもらい現金は免田に渡した。その後自分は昭和二十四年一月十日子供の学校のこともあるので、山を降ったが、寒かったので、有村方に行き、同人から前記「オーバ」を貸してもらい山を降った。その後一

月十二、三日頃から自分は人吉市鶴馬場の川原かおる方で井戸掘を始めて同人方に泊っているとき警察の方が見えて、本署に行き、そのとき「オーバ」と地下足袋を提出したのである。その後「オーバ」も地下足袋もどの様になったか知らない。」旨の供述記載。

㈣　免田栄の第一審第一回公判における「印絆天（証第六号）は自分のものである。」旨の供述記載

によれば、免田栄は兼田又市方に最初に行ったとき「オーバ」と荷物を持っており、右「オーバ」と「荷物」の中、「オーバ」はその日兼田又市に依頼して一勝地村字三ケ浦乙第二五四〇番地有村長之助（当時六十一年）から金七百円を借受けた担保として同人に預けたところ、兼田又市は昭和二十四年一月十日右一勝地村字俣口の山から下山するとき右「オーバ」を借受けて持っていたが、その後証拠品として同人から警察官に提出されたこと、右「荷物」は黒い色の防空幕に包んであったものと認められ、その内容品は、作業ズボン、印絆天等であり、右「荷物」も兼田又市が下山するとき持って降りたところ、右印絆天は証拠品として警察官に提出されたこと（証第六号）が認められるから、免田栄が兼田又市方に「オーバ」と黒い包の一尺四方位の大さの「荷物」を持って行ったことは明白な事実と認める。

（免田栄が昭和二十三年十二月二十九日午後七時頃平川ハマエ方に預け、同月三十日に持去った「オーバ」及び黒色の布切れのようなものに包み紐を掛けた一尺四方位の「荷物」又は黒の風呂敷包幅一尺、長さ一尺五寸、高さ一尺位のもので、紐のようなものでしばってあった「荷物」と免田栄が兼田又市方に持って行った「オーバ」及び防空幕に使用した黒い紙に包んだ横一尺二、三寸位の大さの「荷物」との間に同一性があるか）

前記認定の事実に

㈠　第一審（一六三丁）の証人免田栄策に対する昭和二十四年三月五日附証人尋問調書中同人の供述として、「お示しの証第六号半てんは自分が

馬車挽を三、四年前やっていた折馬車挽組合から配給を受けた布で作った絆天で、最近栄が着ていた」旨の供述記載

㈡　第一審取調済（七一八丁）免田光則（当二十一年）の昭和二十四年八月二十五日附司法巡査に対する供述調書中同人の供述として、「私は免田栄の実弟である。お尋ねのオーバについて申し上げるが、私の家には私達が小学校に出る頃一番上の兄の忠義が濃茶色のオーバを持っておりましたが、（同人）が死んだ後は父栄策も私達兄弟も誰彼の別なく着ておったのである。終戦後町の配給として軍隊用毛布のネズミ色とでも申しますか、二枚を貰い当分毛布として家で使用して居たが三ケ月位してから父がオーバに作らうと言って、免田町堀の角の洋服屋に持って行きオーバに仕立てた。当時は父がよく着ていたがその後私達兄弟もオーバを持たぬため、必要のときは誰でも着ていた。昨年（昭和二十三年）暮のもう何日も無い頃（栄は）西ノ村の蟹作（地名）に行って來る終列で戻って來るといってそのオーバを着て行ったのであるが翌日そのオーバは持っていないことに氣付きました。その後山に行くといって家を出たのであるが、その「オーバ」は当時どんな風になっていたか分らない。それから今年になって、父が又市に請出してくれと頼んだように思う。」旨の記載

㈢　前掲有村長之助の司法巡査に対する供述調書を綜合すると、

一、免田栄の実家に在った「オーバ」はねずみ色配給の毛布で仕立てたもので、免田栄が山に行くといって出て行った以後は右実家に存在しないこと、

二、免田栄が兼田又市方に持って行った「オーバ」は軍隊用毛布のような生地で色がさめて、白とも青ともつかぬ様な色のものであること、

三、平川ハマエ方に預けた黒い布に包んだ一尺四方位の紐をかけた「荷物」と兼田又市方に預けた黒い防空幕の紙に包んだ横一尺二、三寸位の大さの「荷物」は表現は相違しても、黒い一尺四方程度の「荷物」であるとの外観

がほゞ一致すること、

四、兼田又市が右「荷物」の内容品として警察官に提出した印絆天は免田栄の実家に在ったもので同人が家出前使用していたものであること、

五、平川ハマエ方においても、兼田又市方においても、共に、「オーバ」と黒い一尺四方位の「荷物」を同時に預けていること、

が認められ、以上認定の事実に、免田栄の冒頭掲記の司法警察員に対する供述調書を綜合すると、免田栄は、自宅から「オーバ」と印絆天（証第六号）などのはいっている「荷物」を持出し、平川ハマエ方に預けた後翌日これを受取った後、これを兼田又市方に持って行ったものと認定するに十分であり、右平川ハマエ方に預けた「オーバ」及び「荷物」と兼田又市方に持って行った「オーバ」及び「荷物」は同一物であり、その時間的前後は、兼田又市から、右「オーバ」と「荷物」の内容品が警察官に提出されていることにより、平川ハマエに預けたときが、兼田又市方に預けたときよりも前であることも明かである。

（右認定に反する証拠についての判断）

この點につき、

(一)　取寄記録中平川ハマエの昭和二十四年八月二十四日附検察官に対する供述調書によれば同人の供述として、「昨年（昭和二十三年）十二月二十九日夕方免田栄が私方に來て荷物と一緒に預けたオーバはこれ迄の証人訊問等においても申上げましたとおり黑色のものであった。それは白色がかったものとか、青色がかった色合いではなく真黑の色合いであったと記憶して居る。当時長女シズエも居合せて見ておるから、知っていると思う。生地のことは毛布地様のものではなく、普通の羅紗地であったと思う。新舊の度合は中古品と思うが破損していたかどうか、品質は上等であったか否か等は扱って見た訳ではないから判然確認していない。右オーバを着ているのを脱いで預けたものであるか、持っていたものを預けたか判らない」旨の供述記載

(二)　取寄記録中平川シヅ（当十八年）の昭和二十

四年八月二十四日附検察官に対する供述調書中、同人の供述として、「私は平川ハマエの長女で、免田栄は見知っている。昭和二十三年十二月二十九日午後七時頃免田栄が私方に尋ねてきてオーバや手荷物を預けた事がある。当時私は台所で茶碗か何かを洗っており、免田が預けた品物の中手荷物というのは黒布で包んだ小さな荷物で内容品は何であったか知らない。オーバの方は黒色の羅紗のオーバであったと思う。白けたような色合でもなければ、青色その他の色合ではなくて真黒の色であったと思う。生地は調べてみたわけではないから正確なことは判らぬが毛布地ではなくて普通の羅紗地であったと思う。栄が預けに來たときは私方室内は電燈が點いていた。」旨の供述記載によると、免田栄が平川ハマエ方に預けたオーバは毛布生地のネズミ或は青みがゝったオーバではなく真黒の中古品ラシャ生地のものであったようである。果してそうであるとすれば、平川ハマエ方に預けた「オーバ」と兼田又市方を最初に訪ねた際所持していた「オーバ」との間には同一性がないものといわなければならないが、右各供述は供述それ自体は「右オーバは扱ってみたわけではないから判然確認していない。」又は「生地は調べてみたわけではないから正確なことは判らぬ。」旨正確性を否定していること、ねずみ又は青みがかった色のものでも、黒と全然反対系統の色ではなく、光線の関係等で黒い色であるとの印象を与える余地がないでもないこと等の理由により右オーバの色及び生地の點についての右平川ハマエ、同シズの各供述を以て前記認定を覆すに足らないものというべきである。

㈢　証人溝辺ウキエの第一審（一五八丁）供述調書中同人の供述として「正月七日免田栄が孔雀荘に來たとき黒のオーバを着ておった。」旨の供述は同供述調書中同人が昭和二十三年十二月二十八日鼠色のオーバを着ていたとの供述と対照し措信し難い。

第三、免田栄の昭和二十四年十二月二十九日前後

の服装、穿き物

㈠　取寄記録中溝辺ウキエの昭和二十四年一月十六日附司法巡査に対する供述調書中同人の供述として、「私は本籍地は免田町八幡町で人吉市中青井町五九五番地孔雀荘で昨年（昭和二十三年）十一月六日から働いている者であるが、免田栄のことについて、お話申上げる。免田が私の旅館に見えたのは昨年十一月の末か十二月の初め頃と思うが、夕方七時頃玄関から入って右女中室をのぞいて免田から來ている人は居ないかというので私も免田から來ているがというと、十七、八の人だがねとい丶ながら又來ると帰って行った。それから四、五日して、午後三時頃來て女中室に上り面白い話の後下女中の君子に確か二百円出して万十と密柑を買わせて女中三人と共に食べ二時間位して帰った。十二月二十日頃の夕方來て女中室で遊んでいたが、長くなって湯ノ前線の終列（車）に間に合わないからといって二階の五番の室に十一時頃寝んだが、そのとき明日一番で八代に行く様言っていたが翌朝は一番で行かず、晝頃まで女中室で遊んでいたがさよならと出て行った。その後二、三日して夕方参り、女中室で遊んでいたが、そのときは女中の係りが違っており、敏子の係りでよく知らなかったが、一番の部屋に寝ているとのことであった。十二月二十四日の午前頃と思う又來ていつもの通り女中室で話していたが私は工合が悪くて寝ていたが敏子が免田町の山川に私の工合が悪いことを電話したので朝の一番で山川が來た。話が一緒になったが免田は私に見舞のつもりでお菓子を買ってきてくれて、午後九時頃帰ったと敏子が言っていた。山川が來たのはその翌日である。女中室で寝たま丶で、貰った菓子の事などについて話していますと、免田が來て私と山川と二階で酒を飲む準備をしているると免田も一緒に飲方に加えてくれ飲代は全部自分が払うといって敏子と四人で二階に行き午後四時半頃から十一時頃迄千九百五十円方飲食して山川が五百円払い免田は金がないから後で払うとのことでその夜は二人共宿って翌日の十二時ので山川は帰り、免田はその後で駒井田に用事があるといって出ていった。

十二月二十八日に私は免田の山川の家に用事があって終列で行ったとき免田と一緒になり、免田駅で別れ、山川方に一宿して翌日の二十九日の免田発六時二十七分で人吉に帰る途中駅で一緒になり私は免田に此の前の飲代を請求した。幾らかと聞くので、千四百五十円と答えると千円丈今夜払うと申し人吉の駅で旅館に一緒に行こうと思っているると免田は駅前で見失ってしまった。その前列車の中では免田は黒色の布切れの様なものに一尺真角位あるものを包んで縄の様なものでしめてあった。とに角代用客車の事で薄暗かったので、はっきりは分からなかった。私が帰って一時間あまりしてから免田が來たが、風呂にはいってきたと申し、女中室に上って千円差出し明けてから後は持ってくると申し一時間位の後二百円出して敏子にスシを買わせて女中三人と食べて一時間位してからそのときは十時半頃だったと思う友達の内え行くとか、嫁の内に行くとかはっきり分らなかったが、駒井田の方に出て帰った。今年（昭和二十四年）一月七日の午後四時半頃來て女中室で万十を二百円買って皆で食べたので私はこんな買食いするより少しでも払ってくれと申すと翌日持ってくる様に言ったそうである。この日も午後六時頃帰った事を敏子から聞いた。（中略）、免田の服装はいつも同じで国防色の上下の少し色あせたのを着て地下足袋ばかりでしたが、後の二回位がズックを黒色の紐のまだらのものを履いていた。帽子は茶色の中折でしたし、又布製のチャック付の手提をいつも持っていた。申遅れたが二十九日夜來たときに自動車の証明書を取りに此処の警察に行ったが、自分も何処え行っても刑事じゃないかといわれる、どうせ刑事になるといっていた。」旨の供述記載

㈡　取寄記録中山政吉（当五十二年）の昭和二十四年一月十六日附司法巡査に対する供述調書中同人の供述として、「私は免田栄を知っており、昭和二十二年十二月私の妻フイ子の妹アキエ

（当二十一年）を嫁に貰ってやったが同人は昭和二十三年十二月初旬頃栄と別れて帰ってきた。その後昭和二十三年十二月三十一日午後五時頃免田栄が私方に來たが、その時は国防色の色のあせた軍隊服の上下を着て黑色のような新しいズックを履いて褐色の帽子を冠っていた。その日は子供と遊んで、一泊して翌元日午前十時頃帰るといって出て行った」旨の供述記載

㈢　前掲村上キクエの昭和二十四年一月十八日附司法巡査に対する供述調書中同人の供述として、「昭和二十四年一月元日私方に刑事だと稱し、娘の事を申して來た年令二十四才といた男の服装は茶色中折帽子で白のマフラー、下に黑のワイシャツで上に白のワイシャツと縁の破れたチョッキ服は国防色の色の薄いもので、ズボンは少し目の荒い国防色で黑のズックで紐は白黑のまだらなもので、布製チャック付の手提カバンを持ち、も一つ上衣の上に赤の筋の通ったマフラーをしており、靴下は汚れた白の破れたものをしていた。」旨の供述記載

㈣　前掲兼田又市の昭和二十四年一月十七日附司法巡査に対する供述調書中同人の供述として「免田栄はいつも白けた国防色の洋服を着ており、ズック靴をはいていた。」旨の供述記載

によると免田栄は昭和二十三年十二月二十日頃から昭和二十四年一月七日までの間人吉市内等で、茶の中折帽を冠り、国防色の色の褪せた上着、それより少し目の荒い国防色のズボンを着し、手に布製チャック付手提を持ち歩き、昭和二十四年一月一日村上キクエ方では、白のマフラーをしていたこと、穿いているものは昭和二十三年十二月二十五日頃孔雀荘に行った頃までは地下足袋を穿いており、昭和二十三年十二月二十九日孔雀荘に行った以後は白黑まだらの紐のついた黑色ズック靴を穿いていたことが認められる。

（免田栄の穿き物が地下足袋から「ズック」に変った事実）

㈠　前掲免田栄の服装、穿き物に関する各供述調書の記載

㈡　第一審（二七二丁）第三回公判（昭和二十四年四月十四日）における免田栄の「自分は昭和二十三年十二月二十九日夕方六時の汽車で人吉に出たが人吉に行ってから孔雀荘に午後八時半頃行き飲み代の借りを千円支払った。自分は人吉に出たとき金を二千五百円許り持っていた。その金は父が吉井の人に馬を売ってその代金が四千円残っていたのを父に黙って私が二十八日吉井の金田方に行くとき立寄って受取った四千円の内ズックを五百円で買い「すし」を千円がた食べたりして費った残りの金であった。」旨の供述記載

㈢　第一審（二九二丁）第四回公判（昭和二十四年五月十九日）における証人井上倉蔵（当時五十六年）の「私の住所は球磨郡免田町吉井二七八七番地である。私は免田栄策を知っているが昨年（昭和二十三年）十二月二十日頃同人から金二万円で馬を買い代金は契約のとき一万六千円を払って、残金四千円を同年十二月二十八日払ったと思う。その日（二八日）午前十時頃栄君が私方に「銭（ぜに）を取って來い」と親爺からいわれた」と言って來たので栄君に馬代金の残金として四千円を渡したのである。」旨の供述記載

㈣　第一審（一六三丁）における証人免田栄策の昭和二十四年三月五日附証人訊問調書中同人の供述として「自分は免田栄の父である。栄は昭和二十三年十二月二十九日夜から帰らず球磨郡一勝地の兼田又市のところに行き山仕事をしているものと思っていた。栄が私に金でも呉れと要求したことはなく栄が金に困っていることは知らなかった。私も百円、二百円は使銭をやっていた。私が馬を売った金四千円を私に黙って使っている。」旨の供述記載

㈤　当裁判所の昭和三十一年七月二十七日附免田栄に対する照会に対する回答書中「自分が買ったズック靴は黒色、買受けた場所は免田町駅前小間物屋、買受け後、右ズック靴はその場で穿き昭和二十三年十二月二十九日球磨郡一勝地に行く道中穿いており、それまで穿いていた地下

足袋は黒い風呂敷に包み持っていた。」旨の記載を綜合すると、免田栄は昭和二十三年十二月二十八日免田町吉井の井上倉蔵から父栄策の馬代金四千円の交付を受けたとき以後昭和二十三年十二月二十九日午後八時過頃人吉市中青井町旅館孔雀荘に行ったときまでの間に、右金四千円の中から黒色ズック靴白黒まだらの紐のあるものを購入して、それまでいつも穿いていた地下足袋を右黒ズック靴に穿き換えていたことが認められる。前記溝辺ウキエの供述調書中免田栄はいつも地下足袋であったが、最後の二回位が黒ズックの紐のまだらのものを穿いていた旨の記載は何時から黒ズック靴を穿いていたかという點において具体的に記載されているものとはいえないが、右記載内容から判断し、最後の二回というのは、免田栄が孔雀荘に行った昭和二十三年十二月二十九日夜と、昭和二十四年一月七日夕方の二回を指しているものと解するのが相当であり、この點に関する右供述内容と、前掲各証拠とは一致しているものということができる。

右事実が認められる以上、免田栄の行動中ズック靴を穿いていた事実が認められるものは、少くとも昭和二十三年十二月二十八日以後の行動に属するものと認定することができるものであり、他の証拠の中免田栄がズック靴を穿いていたことを供述しながら、日附の點において、昭和二十三年十二月二十五、六日頃と供述しているもの（例えば前掲兼田又市の司法巡査に対する供述調書中日附の點）はこの點からいっても、措信できないものである。

（右認定に反する証拠についての判断）

取寄記録中井手迫敏子の昭和二十四年六月十八日附司法巡査に対する供述調書中同人の供述として「月日は確かに十二月二十九日であった。同じ女中の溝辺ウキエさんが前日に免田に帰られて二十九日の午後七時頃旅館に帰って免田さんが来なかったかといっていたころ、免田がはいって来た。そのときの服装は国防色の上衣に下は毛布で作った様な目の荒い国防色に似たズボンで履物は地下足袋であったと思う。」旨の供述記載は右供述調書が六ケ月以上以前の事実を内容とするものであること。

右十二月二十九日以前に免田栄が数回孔雀荘に行っておりその際いつも地下足袋を穿いていたこと等の理由により右穿物の点の同人の供述は同人の記憶違い又は錯覚によるものと認定するのが相当であり、前記認定の資料に供した各証拠と対照し措借し難い。

第四、免田栄が一勝地村大字奈良口字俣口兼田又市方に最初に行った年月日時

（前提事実の一）

以上の認定に従えば

一、免田栄は兼田又市方に最初に行ったとき、「オーバ」と黒い包みの一尺程度の大さの「荷物」を持っており、これを同人に預けたこと、

二、「オーバ」と「荷物」は、免田栄が昭和二十三年十二月二十九日実家を出るとき持って出たものであること

三、右「オーバ」と「荷物」は免田栄が昭和二十三年十二月二十九日午後七時過頃人吉駅前人吉市中青井町飲食店平川ハマエ方に預け翌昭和二十三年十二月三十日午前十時か十一時頃同人方から受取ったものであること、

四、右「オーバ」並に「荷物」の内容品の一つである印絆天（証第六号）は兼田又市から警察官に提出され領置されたこと

五、免田栄が最初に兼田又市方に行ったのは、兼田又市が昭和二十四年一月二、三日頃同人の出身地である免田町方面に旅行に出発する以前であること、

六、免田栄が二回目に兼田又市方に行ったのは昭和二十四年一月四日であること、

が認められるから、免田栄が兼田又市方に最初に行った年月日時は免田栄が、昭和二十三年十二月三十日午前十一時頃人吉市中青井町飲食店平川ハマエ方から「オーバ」と黒い一尺四方位の大さの包の「荷物」を受取った以後第二回目に兼田又市方に行った昭和二十四年一月四日まで（少くとも兼田又市が旅行に出発した昭和二十四年一月二、

三日頃まで）の間であることが明かである。

(一)（右認定を補強する事実）

前認定の免田栄が昭和二十三年十二月二十八日以後黒ズック靴を購入して穿いた事実に、

第一審（五五九丁）兼田又市の昭和二十四年一月十七日附司法巡査に対する供述調書中同人の供述として、「免田栄は何時も白けた国防色の洋服を着ておりズック靴をはいていた。」旨の供述記載

により、免田栄が最初に兼田又市方に訪ねてきたとき、ズック靴を穿いていたものと認められるから、免田栄が兼田又市方に最初に行った年月日は昭和二十三年十二月二十八日以後昭和二十四年一月四日までの間であることが認められるから、右事実により、免田栄が兼田又市方に行ったのは昭和二十三年十二月二十八日以後であることも証明されるものである。

（右認定に反する証拠に対する判断）

(一)　第一審取調済（五五九丁）前記兼田又市の昭和二十四年一月十七日附司法巡査に対する供述調書中同人の供述として、「昭和二十四年十二月二十五、六日一勝地村字奈良口の食糧配給所に米を取りに行って帰途で休んでいると免田栄が追付いてきて、私に「今日山に上って来た。仕事をさがしてくれと言った云々」の供述記載

(二)　第一審取調済（三四八丁）同人の昭和二十四年一月二十四日検察官に対する供述調書中同旨の供述記載

右各供述中日時の点は第一審取調済（三一二丁乃至三一三丁）の兼田又市に対する消費者台帳の記載と対照すると、同人が配給を受けた日として、十二月二十三日米一四、八〇〇、甘諸同月三十日モチ米三瓩、米四瓩六〇〇の記載があるが、十二月二十五、六日頃配給を受けた記載はなく正確な日時の記憶に基くものとは認められないのみならず、前認定の事実より、免田栄が昭和二十三年十二月二十五、六日頃に兼田又市方に行ったとの点は事実と相違することが明かであるから、採用に値しない。

(三)　第一審（七六一丁）免田栄の昭和二十四年一

月十七日附司法巡査に対する供述調書中「栄は昭和二十三年十二月二十六日一勝地に山仕事にでかけた。」旨の供述記載は、同人の第一審（七五一丁）昭和二十四年一月二十七日附検察官に対する供述調書とも相違し措信し難く、

㈣　第一審（七五四丁）免田トメノの昭和二十四年一月十七日附司法巡査に対する供述調書中「栄は昨年（昭和二十三年）十二月二十五、六日頃だったと思う一勝地の方の山仕事に行くと申し、丁度当日は主人が居なかったので、移動証明書も取って来たといってその日は何も品物といって持たず出て行った。」旨の供述記載中日時の点は、当裁判所の照会に対する昭和三十一年八月三日附免田町長井田末喜作成の回答中「免田栄に対する移動証明書の発行はゐ235第二一一号昭和二十三年十二月二十八日である。」旨の記載に徴しても、採用し難いことが明かである。

（前提事実の二）

㈠　取寄記録中前掲山並政吉（当五十二年）の昭和二十四年一月十六日附司法巡査に対する供述調書中同人の供述として、「免田栄は昭和二十三年十二月三十一日午後五時頃来て翌昭和二十四年一月一日午前十時頃帰り、そのとき栄は国防色の色あせた軍隊服上下を着て黒色のような新しいズックを履いて褐色の帽子を冠っていた。」旨の供述記載。

㈡　取寄記録中村上キクエ（死亡）の昭和二十四年一月十八日附司法巡査に対する供述として「昭和二十四年一月一日私方に来て刑事といい、娘のことを話した男は茶色中折帽子で、白のマフラー下に黒のワイシャツで上に白のワイシャツと縁の破れたチョッキ、服は国防色の色の薄いもので、ズボンは少し目の荒い国防色で黒のズックで紐は白黒のまだらなもので布製チャック付手提カバンを持っていた。」旨の供述記載

㈢　当裁判所が取調べた証人木村善次（五十三年）の昭和三十年五月二十三日附受命裁判官に対する供述調書中同人の供述として、「昭和二十三年十二月二十八日か二十九日の夜であったと思う。

本件事件につき隣接署の関係で（人吉署から八代署に犯人）の人相等の手配があった。昭和二十四年一月四日か五日であったと思うが初例会の際八代郡宮地村駐在巡査の島崎恵吉が「実は一月一日午前九時頃宮地村の妙見神社横の産交バス停留所で、人吉で殺人事件があったが、その犯人がこちらに贓品を売りに来たことを聞いたからその捜査に来た、尚人吉の丸駒に仂いている女の家があるが、その家を訪ねて行くとも言ったというのがいたと話したので、これはと思い、署長や捜査主任に報告したところへ、捜査をしてみろということで、宮地の停留所へ行ったところ、島崎巡査の言ったことは事実であり、その男は人吉署の刑事といい、丸駒に仂いている女の家にも行った筈だとも教えてくれた。その男はこの附近に刀鍛冶屋はないかとも聞いたと言ったので、私は丸駒に仂いている女の家を訪ねたところ、母親が居て事情を尋ねたところその男が来たと言った。その男は宮地村古麓の大石組にも仂いていたと聞込んだので、大石組に行き調べたところ、雇ったことがあることが解り、そこでその男が免田町の免田栄であることが判ったと思う。その後免田栄を奈良口の駅から二時間か三時間林道を登って行った一軒家で見つけ、承諾の上人吉警察署に同行した」旨の供述記載

㈣　取寄記録中前掲横山一義（当時二十六年）の昭和二十四年一月十九日附司法巡査に対する供述調書中同人の供述として「免田栄は昭和二十四年一月一日午後六時頃来て、同月四日朝八時頃自分方を立去り、その間自分方に投宿していた。」旨の供述記載

によれば、免田栄は

㈠　昭和二十三年十二月三十一日午後五時頃から昭和二十四年一月一日午前十時までの間人吉市蟹作町一〇七六番地山並政吉方に

㈡　昭和二十四年一月一日午後六時頃から同月四日午前八時頃までの間八代郡宮地村字猫谷護眞寺横山一義方に

各宿泊したことが認められる。

（結論）

前記前提事実の一、により免田栄が一勝地村大字奈良口字俣口兼田又市方に行った日時は、免田栄が昭和二十三年十二月三十日午前十一時頃人吉市中青井町平川ハマエ方を立去ってから昭和二十四年一月四日（少くとも一月二、三日頃）までの間であることが明らかであり前記前提事実二、により、免田栄の昭和二十三年十二月三十一日午後五時頃から昭和二十四年一月四日までの各宿泊場所は明かとなったから、右前提事実一、の期間から、前提事実二、の期間を引き去れば昭和二十三年十二月三十日のみが残る。すなわち、免田栄が最初に兼田又市を訪ねて行った日は、昭和二十三年十二月三十日であり、免田栄は同日午後三時頃から翌昭和二十三年十二月三十一日午前八時迄兼田又市方に滞在宿泊して同人方を立去ったものということができる。

（右認定に反する証拠についての判断）

(一)　取寄記録中有村長之助（当時六十一年）の昭和二十四年八月二十三日附司法巡査に対する供述調書中同人の供述として、兼田又市が「オーバ」を持参して金を貸したことについて申上げるが、月日ははっきり覚えていないが今年になってからは間違いない。」旨の供述は約八ケ月位した後にはじめて取調べられ供述しているものであり、供述自体日時の点につき確実な記憶に基くものでないことが明かであるから、前記認定を覆すに足りない。

(二)　取寄記録中村上文子事石村文子の昭和二十四年一月十六日附司法巡査に対する供述調書中同人の供述として、昭和二十三年十二月三十日の夜私に宿られた人の事について申し上げるが、その人は同日午後九時頃と思う、確か下りの汽車が着いた頃と思う店に勝子と、私と妙子の三人居るところに来て、二階に上り、私の客となり、（中略）翌朝七時頃帰った。（中略）私は正月の十日宮地の母のところに帰った（際）私に宿ったあの人が元日の日に母の処に来て自分は警察の者だがこんな処では話は出来んが、二階に上ろといって、二階に行きあんたの娘があん

まり可愛相だから請出すがよいだろうと言った云々ということを聞いた旨。」の供述記載

㈢　第一審（二二七丁）第二回公判（昭和二十四年三月二十四日）における証人石村文子の「私は丸駒に仂いているとき免田栄と会った。それは昨年（昭和二十三年）十二月三十日夜九時頃であった私を相手に上られて、その晩は泊って、翌三十一日朝七時頃帰った。」旨の供述記載は免田栄が昭和二十三年十二月三十日夜九時頃から翌昭和二十三年十二月三十一日朝七時頃まで、特殊飲食店「丸駒」に石村文子の客として宿泊していたと供述している点において、前記兼田又市方に宿泊した日と衝突するものである。ところで、右石村文子の証言が眞実に合致するものとすれば、冒頭掲記の免田栄の司法警察員に対する供述調書の記載と一致するものであり、免田栄が、兼田又市方に昭和二十三年十二月三十日夜から翌昭和二十三年十二月三十一日朝まで宿泊したとの前記認定の事実は架空のものとなる。しかしながら、免田栄が兼田又市方に昭和二十三年十二月三十日午前十一時頃以降昭和二十四年一月四日までの間に宿泊した事実が存在し、その間の宿泊日が昭和二十三年十二月三十日であることは、兼田又市方に最初に行った際持っていた「オーバ」及び荷物の一部と見られる「絆天」（証第六号）が兼田又市から後に警察官に提出されている事実からみて、動かすことのできない事実であって、これを架空のものとみるべき余地は全く存在せず、却て、石村文子の前記日時の點の各供述は後記認定のように信用できないものと認められるから、右石村文子の各供述を以て前記認定を覆すに足りないものというべきである。

第五、免田栄の昭和二十三年十二月二十四日頃から同月二十九日午後九時頃までの宿泊、就寝個所及び行動

㈠　第一審取調済（七五一丁）免田栄策の昭和二十四年一月二十七日附検察官に対する供述調書中同人の供述として、「私は免田栄の実父であり、球磨郡免田町字黒田一四八三番地に居住し、農

業の傍ら家畜商を営んでいる。一昨年二十五日家畜商の方は廃業した。昨年十二月二十七日は栄の嫁アキエが暇を取って人吉市の実家に帰ったが、その晩は栄は自宅に寝た。翌二十八日朝八時か九時頃私は外出して午後五時頃帰宅したが、そのときは栄は外出して不在であったが、私はその晩はその儘眠り翌二十九日の朝妻に栄は昨夜帰ったかと聞いたら昨夜おそく帰ったということであった。私はこの日も朝八時か九時頃外出して夕方五時頃帰ったか栄は何時外出したか判らないが、不在であったそしてその儘家には帰らなかった。その後栄が私方に立帰ったのは本年一月七日であり、当日私が外出先から帰宅したところ不在中栄が帰って来て鋸、斧、布団等を持って行ったと妻が話したので、私は多分兼田又市の所え仂きに行ったものと思った」旨の供述記載

㈡　取寄記録中山並政吉の昭和二十四年一月二十四日附検察官に対する供述調書中同人の供述として、「免田栄と段村アキエの結婚媒酌は私がしました。昨年（昭和二十三年）十二月十二、三日頃アキエは栄が眞面目に仂かないから、離婚させて呉れとの事であったので、極力慰留したが、承知しないで、本人及び同人の兄早人の三人で十二月二十五日栄方に赴き二泊して離婚話を決めた上二十七日私方に引き上げた。二十七日は三人共私方に一泊翌二十八日早人は夕方まで アキエの荷物運搬のため私方に残ることにし、私とアキエは早昼飯で段村方に出掛けた。そして私は二泊して三十日の朝私方に帰ったが帰途北泉田町に強盗殺人があった噂を聞いた。十二月二十八日私が段村方に行って不在中午後七時頃栄が私方に訪ねて来たそうであるが、私不在のため妻には別段用件を告げず帰った由である。このことは私が三十日自宅に帰ってから妻から聞いた十二月三十一日午後五時頃栄が又私方に鰯を下げて来たが、このときも取立てて用件は申さず、ズルズルに私方に一泊して翌朝十時頃何処に行くとも言わず、聞きもせず帰った。その時の服装は国防色の上下洋服で、履物は黒の

新しいズックでした。帽子は茶色の中折を冠っていたと思うが、同人は平素その帽子を冠っていたため或は私の錯覚かも分らない。所持品は何もなかった。」旨の供述記載

㈢　取寄記録中免田アキエの昭和二十四年一月二十四日附検察官に対する供述調書中同人の供述として、「私は昭和二十二年八月免田栄と結婚し昨年十二月二十七日協議上離婚することに話が決っておるが、まだ籍はぬいていない。姉婿山並の媒酌で見合結婚である。（中略）こんなことで私も将来が心細くなり昨年十二月十二日再度実家に帰ってしまった。そして兄達に相談して、暇を貰う様に話合っていたところが、栄は私が帰った翌十三日、二十三日の二回私に帰ってくれと申して私方に来たが、私は応じなかった。そして十二月二十五日兄段村早人媒酌人山並政吉と共に栄方に正式に離婚の相談に行ったところが、この日栄は遅くまで帰って来なかったので、話ができず、私共は栄方に二十七日迄二泊してやっと相手方の承諾を得て帰った次第でした。栄は二十五日夜遅く帰り、二十七日私共が同家を辞するまで、同家に居た。」旨の供述記載

㈣　取寄記録中前掲溝辺ウキエの昭和二十四年一月十六日附司法巡査に対する供述調書

㈤　取寄記録中前掲溝辺ウキエの昭和二十四年一月二十四日附検察官に対する供述調書

㈥　取寄記録中前掲平川ハマエの昭和二十四年一月十七日附司法巡査に対する供述調書

㈦　第一審記録（三二〇丁）添付運輸省編集時刻表

㈧　当裁判所の照会に対する昭和三十一年八月三日附免田町長井田末喜作成の回答書によれば免田栄は昭和二十三年十二月二十四日人吉市中青井町旅館孔雀荘に宿泊し（この点の溝辺ウキエの司法巡査に対する供述は意味不明で宿泊した日は二十五日とも解せられるが他の証拠と対照し二十四日と認定する。）同月二十五日から同月二十七日迄の間球磨郡免田町字黒田乙一、四八三番地の自宅に就寝し、同月二十八日免田町から移動証明書の交付を受け、同日午後七時頃人吉市蟹

作町山並政吉方を訪問し、同人不在のためすぐ引返し、同日午後九時三十分人吉駅発列車に乗車し、その際溝辺ウキエと同車し免田駅に同日午後十時二十分に到着同駅に下車し前記自宅に帰り同日自宅に就寝し、同月二十九日免田駅発午後六時二十八分発列車に乗車し、同日午後七時十分人吉駅に到着して同駅に下車し、直ちに同駅前人吉市中青井町平川飲食店事平川ハマエ方に所持していた「オーバ」と黒い包の「荷物」を預けて同所を立出で、同日午後八時過頃同市中青井町旅館孔雀荘に到り、飲食代金未払金千円を支払い同旅館で、女中敏子等と一時間位雑談して同日午後九時過頃同旅館を立去ったことが認められる。

以上認定した事実により、免田栄の昭和二十三年十二月二十五日以降昭和二十四年一月七日朝までの行動、宿泊、就寝個所の中昭和二十三年十二月二十五日以後同月二十九日午後九時過頃孔雀荘を立去ったまで、及び昭和二十三年十二月三十日午前十一時頃平川ハマエから「オーバ」と「荷物」を受取った以後昭和二十四年一月七日朝一勝地村字俣口兼田又市方を立去るまでの間の行動、宿泊、就寝個所は全て明かとなったから、右昭和二十三年十二月二十五日以降昭和二十四年一月七日朝までの間に免田栄が人吉市駒井田町特殊飲食店「丸駒」事佐伯栄一郎方に宿泊した事実があるとすれば、その日は、右期間中空白となっている昭和二十三年十二月二十九日午後九時過頃から昭和二十三年十二月三十日午前十一時までの間でなければならない。

第六、証拠の証明力

(一)　昭和二十四年十二月二十八日及同月二十九日の免田栄の行動に関する溝辺ウキエの昭和二十四年一月十六日附司法巡査に対する供述調書、同人の同月二十四日附検察官に対する供述調書は前者は免田栄が第二回目の逮補状を執行された日であり、後者も起訴前であって、既に免田栄が八代拘置支所に移監された後人吉区検察庁において取調べられたものである等犯人と通謀その他何等の工作をなす余地のない状態において捜査機関により取調べられたものであること、右いずれも昭和二十三年十二月二十九日から一月以内位の比較的記憶の新しいときに供述されたものであること、溝辺ウキエは免田栄との間に何等身分関係のない第三者であること、警察及び検察庁における供述が一貫しており、殊に十二月二十八日午後九時半人吉発免田に帰り翌二十九日午後六時二十七分免田駅発列車で人吉に帰った点は旅館の女中として稼仂して居ったところ、正月の準備のため、一日休暇をもらって内縁の夫の許である免田町に帰省したものであるとして、日時の点につき自信を以て供述しており動かし難いこと、右各供述と後記平川ハマエ、村上キクエの各供述はその関係部分特に服装、穿き物の點の観察、所持品及時間前後の関係が相互に符合すること、前記日時の点の供述は昭和二十三年十二月二十九日夜の犯行時免田栄が人吉市に現在したこととの有罪の証拠としても重要な意義を有するものであること。

(二)　前記日時関係の平川ハマエの昭和二十四年一月十七日附司法巡査に対する供述調書は取調日時が、昭和二十三年十二月三十日から二十日以内位であって、比較的記憶の新しいときに供述されていること、前記溝辺ウキエの供述との関連において、日時の点が符合し、眞実と認められること、その他平川ハマエは免田栄と姻戚関係を通じての知合であるが、身分上の関係のない第三者であること、右供述も溝辺ウキエの供述と同様に有罪の証拠として重要な意義を有するものであって、犯人において偽証工作をすることは考えられないこと、

(三)　昭和二十三年十二月三十一日の免田栄の行動に関する山並政吉の昭和二十四年一月十六日附供述調書は、前同様取調日時が比較的供述者の記憶の新しいときに作成されたものであること、服装、穿き物の点の供述が具体的であり、この点の前記溝辺ウキエの証言とも符合すること、右供述内容が大晦日から元日の朝までのことであって、記憶に残り易いものと認められること山並政吉は免田栄の義母トメノの兄であり、又

栄の妻アキエの姉の夫に当るものであるが、その数日前に免田栄はアキエとの協議離婚をしており、その際栄が政吉の忠告に従わなかったので政吉は腹を立てていたものであること、従って政吉が特に免田栄の利益のため記憶に反することを供述するような関係になかったこと、右供述調書作成当日免田栄は第一回目に引続き逮補されており、同人との間に通謀する余地がなかったこと、

㈣　昭和二十三年一月一日の免田栄の行動に関する村上キクエ（死亡）の昭和二十四年一月十八日附供述調書は免田栄の言動、服装、穿き物につき、詳細に観察しているものであり、前記溝辺ウキエの供述との間に相互に符合し、正確であること、免田栄との間に通謀の余地がなく、所謂敵性証拠であって、免田栄のため事実に反し、有利な供述をなすべき余地がないこと、免田栄が村上キクエ方に来た日附の点については、右供述内容から村上キクエは免田栄が突然警察から来たと称して右キクエ方を訪れ、娘の石村文子を請出すと申向けたりなどしたため、その服装、言論、態度からして、「その男」が信用できない者であり、且左様な者である以上「その男」からどの様な危害を加えられるか判らないと畏怖して外出もできず、その翌日頃居村巡査駐在所に届出ており、このことは取寄記録中石村文子の昭和二十四年一月十七日附司法巡査に対する供述調書中同人の供述として、「私が（昭和二十四年）一月十日宮地の実母の家に帰ったとき近所のおばさん達が私の顔を不思議そうに見られ、何事だろうと思っていたところ、母（村上キクエ）に会って、始めてその理由がわかった。それは私に宿ったあの人が元日の日に母の処に来て自分は警察の者だがこんな処では話はできんが二階に上ろうといって二階に行き、あんたの娘さんはあんまり可愛相だから私が請出すがいいだろうといったそうであるが、母はあんたには委せられんといってしばらくして（その男）は帰ったそうである。又母の処に来る前に近所の人にこの附近に五十ばかりのおばさ

んはいないかと尋ねて、実はその人の娘が人吉の四人殺しの犯人にはいっている。殺された家の着物をその娘が八代に皆持って来て売っているから都合によっては娘は今直ぐでも入れるといったそうである。本当に私もびっくりしました。その人は始めて来た人で名前も何処の者とも全く知らぬ者である。」の供述記載によっても窺われ、これと当裁判所事実取調における証人木村善次の証言とを対照すれば、前記供述中の「その男」が免田栄であり、「その男」が村上キクエ方を訪ねて行った日が昭和二十四年一月一日であることは甚だ明かであって動かすことができないものと認められること、

但し右免田栄が村上キクエを訪問した時刻の点は右供述調書によると午前十時となっており、この点右木村善次の証言とも符合しているので、若し右訪問時刻が眞実であるとすれば、少くとも人吉発午前六時二十六分の列車に乗車しなければ、村上キクエ方に午前十時頃到着することはできず、又山並政吉の供述によれば免田栄は昭和二十四年一月一日午前十時頃山並方を立去ったというのであるが、人吉駅を午前十時以後発車する列車は第一審記録添付時刻表によれば、午前十一時三分であり、八代駅着午前十二時三十八分であるから、同駅から徒歩宮地村の村上キクエ方に到着するには一時間位を要するものと認められるので午前十時頃に村上キクエ方に到着する筈もなく、前記山並政吉の証言は虚偽のものとなる。しかしながら、免田栄が到着した時刻の点については、免田栄の昭和二十四年一月十七日附司法警察員に対する供述調書中同人の供述として「自分は昭和二十三年一月一日午後一時すぎ八代に着きそれから駒井田町の丸駒で知合いになった文子の家を尋ねてゆこうと決心して駅から文子の実家宮地町まで歩いてゆき、一時間位話してそれから宮地町の横山一男のところをたずねて行き、夕食を食べた。」旨の供述、取寄記録中横山一義の昭和二十四年一月十九日附司法巡査に対する供述調書中同人の供述として「本年一月元日の午後六時頃と思う免

田が久し振りに私宅に参り、その夜から同月四日朝まで宿泊した。」旨の供述及び、前記村上キクエの供述調書中同人の供述として、「娘のことを話し、正月ではあるし、御神酒を出しましたので、その男の帰るときは午後二時頃であった。そんな話の結果であったので、その男が八代に宿っていてどんな事を仕出かすか分らず他に近所に用事もあったがその夜は外にでることもできなかった。」旨の供述を彼是考え合せると免田栄が村上キクエから好意を以て迎えられなかったことは甚だ明かであり、初対面であり、右供述調書の内容自体からみて免田栄が当日午前十時頃から午後二時頃迄四時間も居たものとは考えられず、免田栄の前記供述のように村上キクエ方に免田栄がいたのは一時間位であると考えるのが相当である。そうすると、村上キクエの右退去時刻についての供述、横山一義の前記供述とを考え合せ、免田栄は八代駅に午前十二時三十八分に到着し、午後一時過頃村上キクエ方を訪問し一時間位居て退去したものと認める余地があるから、この点から前記山並政吉の供述調書を虚偽のものと認定することはできない。

㈤　昭和二十四年一月一日から同月四日迄の免田栄の行動に関する横山一義の昭和二十四年一月十九日附司法巡査に対する供述調書は供述者の記憶が比較的新しい二十日以内位の間に作成されたものであること、同人が免田栄とは昭和二十二年二月頃肥薩線鉄道排水工事の人夫として稼仂中十五日間位人夫仲間として知合った第三者であること、昭和二十四年正月の一日から四日朝まで宿泊され相当迷惑を蒙ったことは供述調書の記載自体から明瞭であること、従って右印象を以て具体的に供述しているものであり、第一審証人としての供述とも一致していること、

㈥　第一審取調済（三四八丁）兼田又市の昭和二十四年一月二十四日附検察官に対する供述調書、同人の（五五九丁）昭和二十四年一月十七日附司法巡査に対する供述調書中免田栄の服装、所持品に対する供述は比較的記憶の新しい時機に、専ら感覚によって知り得た知識を基にしている

ものであって、故意に虚偽の供述をしたとも認められないこと、免田栄が、昭和二十四年一月四日頃兼田又市方に行く前に一回一泊して帰ったことは、その際の右供述調書の記載と兼田ツタ子の昭和二十四年七月九日附司法巡査に対する供述調書並に第一審（七六一丁）免田栄策昭和二十四年一月十七日附司法巡査に対する供述調書中「栄が一勝地に行ったのも本年一月九日帰ったのも私は不在で会っていないが、兼田又市が本年正月三日か四日に来たとき（同人）が（栄）は百姓をすかんといって来ているといわれたので、百姓をすかぬは仕様がないが、山仕事もきつかろうね（字不明）言ったわけである旨」の供述記載、第一審（一六九丁）証人免田栄策の昭和二十四年三月五日附供述調書中「昭和二十四年一月四日の晩兼田又市が自分方に来て一晩泊って行ったことがある。兼田又市は栄が（十二月二十五、六日頃）来て山の仕事を世話して呉れといい、そのとき六、七百円の金を借りて正月二日に来ると言ったが、親の承諾を得ているかどうか訊きに来たといった。私は栄は二十九日昼家を出たきり分らなかったが、それはお世話になりましたと礼を言い、自分の家から山の仕事に出したのではないと言った。」旨の供述と対照し、相互に符合する供述をなしていること、

(七) 第一審取調済（七六一丁）免田栄策の昭和二十四年一月十七日附司法巡査に対する供述調書中前記兼田又市が昭和二十四年正月三、四日頃右栄策方に来て栄が百姓を好かぬといって来た旨の供述は、前記のとおり、兼田又市、兼田ツタ子の供述とも相互に符合しており、昭和二十四年一月十七日取調当時は免田栄の逮捕四日目であって同人との間に通謀があったことも考えられず、尚一月十七日取調当時においては、免田栄策、兼田又市両供述者共免田栄が免田町の実家を家出し又は、一勝地村兼田又市方に訪ねて来た日は昭和二十三年十二月二十六日（七六一丁）昭和二十三年十二月二十五、六日頃（五五九丁）と述べているものであるから前記供述

は本件犯行日時である昭和二十四年十二月二十九日以前に免田栄が実家を家出して、犯行現場である人吉市に現在していた証拠とはなれ、無罪の証拠として特に考案作為した供述であると考える余地がないこと、

以上説示したところにより、免田栄が一勝地村兼田又市方に最初に行った年月日時の認定に供した資料が全て信用すべきことが明かとなった。

次に

(八) 第一審（七五一丁）免田栄策の昭和二十四年一月二十七日附検察官に対する供述調書

(九) 取寄記録中山並政吉の昭和二十四年一月二十四日附検察官に対する供述調書

(十) 取寄記録中免田アキエの昭和二十四年一月二十四日附検察官に対する供述調書

はいずれも免田栄の昭和二十三年十二月二十五日以後昭和二十三年十二月二十九日朝までの間の行動、宿泊個所に関する証拠であり、いずれも免田栄との間に身分関係があり、又はあった者であるが、右各供述は前掲溝辺ウキエ、平川ハマエの各供述及び当裁判所の照会に対する昭和三十一年八月三日附免田町長井田末喜作成の回答書と対照し、信用すべきものと認められる。

第七、免田栄の昭和二十三年十二月二十九日午後九時過頃以降昭和二十三年十二月三十日午前十一時までの行動

前記認定の事実に

(一) 取寄記録中村上文子事石村文子（当時十九年）の昭和二十四年一月十六日附司法巡査に対する供述調書中同人の供述として、「私は人吉市駒井田町特殊飲食店「丸駒」に昭和二十二年八月五日より仂いている。同年暮れの十二月三十日（日時点を除く）の夜私に宿られ人の事について申上げる。その日の午後九時頃と思うが、確か下りの汽車が着いた頃です店に勝子さんと私と妙子さんと三人居る処に来て酒はないかといわれたが無いと申すとそうかとうなずいたので上りませんかと私がいいますと、ぢゃ上るといっ

て黒のズックを脱ぎ二階え上って行ったのでズックを下駄箱に入れて私の部屋に連れて行き身代を下げて下はいというといくらかとの事で大体普通は八百円ですが、正月前ですからと申すとズボンの中から金を引出して千百円出されたので私が三百円取って帳簿えは八百円下げて又室に行き火鉢の側に坐っていますと応接台の片隅にニッサンの石鹸が二個置いてあるので、一つ下さいというと二個ともやるといって差出した。そしてあなたは何処ですかと聞くと自分は熊本の警察の者で今日人吉の警察に用事があってきたが、明日警察で飲方がある自分は何時もこんな汚い風をしとると申した。私にお前は何処かと聞くので八代で家庭の事情で来ておりまして父と母と別れて暮しており母の内（家）は昔は刃研（刀研）ぎで現在は宮地にいる。もう寝みませうというとお前もつらいなあといい乍一寸考える風をしてお前を請出してやろうか、借金は二万円位なら来年の一月十五日に金を持って来るがよいかといわれるので、私はそんなに急にいわれても分らないがと思いつつ床に入ったが一諸になってくれと何回もいわれたので、私も前からの事で気味が悪く起きて下に降りて初めの女の人はまだ二人共居たので、何か今夜のお客は気味の悪い人よ（というと二人が）でもお客さんだから仕方がないよというので又上って一諸に寝こんだが私は左の腕が痛いというとその人は腕をしばらくもんでくれた。どの位経ったか一休みしてからの事ですその人は突然飛起きて、床の上に坐ったので私はびっくりして目が覚めてどうしたのか早く休みなさいといって寝せました。朝すっかり明けて七時頃帰るといって只さよならだけで玄関から分れて帰ったがどちらに行かれたか私は引返して寝床に入ったので分らない。服装は国防色の上下色のさめたのを着て茶色の中折をかぶって布製の手提カバンの様な小さいのを持って居られた限りです。私は正月の十日に宮地の母の許に帰った（ところ）近所のおばさん達が私の顔を不思議そうに見るので何事だろうと思っていたが、母に会って始めてその理由がわかった。それは私に宿ったあの人が元日の日に母のところに来て自分は警察の者だがこんな処では話は出来ないが二階に上ろうといって、二階に行きあんたの娘さんはあんまり可愛相だから私が請出すがいいだろうといったそうで、母はあんたには委せられんといって、しばらくして帰ったそうである。又母の処え来る前に近所の人にこの附近に五十ばかりのおばさんは居ないかと尋ねて実はその人の娘が人吉の四人殺しの犯人に入っている。殺された家の着物をその娘が八代に皆持って来て売って居るから都合によっては娘は今直ぐでも入れるといったそうであり、本当にびっくりした。その人は始めて来た人で名前も何処の者とも全く知らぬわけである。私が家庭の事を少し話したばかりに近所の人や母に心配かけて申訳がない。」旨の供述記載

(二)　第一審（二二六丁）第二回公判における証人石村文子の供述として前同旨の供述

によれば、免田栄が昭和二十三年十二月二十五日以後昭和二十四年一月七日までの間に、特に、昭和二十三年十二月二十九日夜又は昭和二十三年十二月三十日夜に人吉市駒井田町特殊飲食店「丸駒」事佐伯栄一郎方に石村文子の客として翌日朝まで宿泊したことが認められるから、前記第五項末尾認定の事実と対照し、免田栄は昭和二十三年十二月二十九日夜から、翌昭和二十三年十二月三十日朝まで右丸駒に宿泊したことが明白である。

よって、更に、右事実を検討するに、

(一)　取寄記録中前掲溝辺ウキエの昭和二十四年一月十六日附司法検察官に対する供述調書の各記載

(二)　取寄記録中前掲村上キクエの昭和二十四年一月十八日附供述調書の記載

(三)　当裁判所事実取調における証人木村善次の昭和三十年五月二十三日附受命裁判官に対する供述調書

(四)　当裁判所の取調べた証人石村文子（当二十三）の昭和二十九年十二月二十日附受命裁判官に対する供述調書中同人の供述として、「私は免田栄

を知っている私が前に「丸駒」の女給として仂いていた当時一晩客として上ったことがあるので知っている。というのは、その後数日して警察から私を呼出され栄を示してこの男を知っているかと尋ねられたときその数日前に私の相手として上った客であることが判ったのです。私は警察で栄が来たのは三十日であると述べたことがある。私は最初二十九日といったら刑事さんが本人は三十日といっていると言われたので、それではそうかも分からないと思いその頃は年も若いし「はい」と言いました。」旨の供述記載

(五) 取寄記録中佐伯栄一郎の昭和二十四年四月十九日附検察官に対する供述調書中同人の供述として、「私は人吉市駒井田町一〇五七番地で特殊飲食店丸駒を経営している。私方には石村文子という女が接客婦として昨年(昭和二十三年)九月頃から本年二月下旬頃まで仂いていた。同人は私方では本名の文子という名前で商売をしていたが私方には昨年末頃は同人の外たへ子、せつ子、かつ子という三人の接客婦がおり、これ等接客婦の毎日の身代(サービス料)は一応同女等から帳場の私の方に差出しその中の半額が私の方の所得となり、残半額が本人達の所得となるもので一応私の方に預って置き五日目とか十日目毎にその期間中私の方から立替えて貸出した分があれば、それ等を差引き計算をして本人等に返すようにしている。か様な収入関係を記帳する特別の帳簿は私方には作っていないが昨年度は職員手帳を覚書に使用していたので破損しているが御参考に提出する。只今提出した手帳の中で、十二月二十九日分及び同月三十日分について説明する。記入文字中DTSB等の符合を用いているが、これ等は順次文子、たへ子、せつ子、かつ子の符合である併しその右側に記入した、算用数字はその日同人等の稼ぎ高で百円単位にして記入したものである。従って右両日分の記載によれば、文子は二十九日は八百円、三十日に七百円の稼ぎがあったことになる。尤も之は同女等が客から貰った金額と一致する訳ではなく千円貰っても二百円ピンをは

ねて八百円しか帳場に納めなければ8と記入する外はないわけです。両日分につき文子の符合の右側数字に、インクで丸印を付しフミ子と記入したのは昨年末の強盗事件の犯人が検挙された後でその犯人が文子に遊興したということを聞いたので、当時私が書込んだものである。尚記入につき説明すると、前に述べた符合の下は漢字で六〇〇とか二〇〇等記入したのは同人等に対する私からの貸金を記入したものであり、又横書の場合3.8とか5.10等と記入したのは3・5の方は時間遊びの遊興費8・10の方は宿泊の遊興費である。私は免田という人が私方に登楼した事実は知らない。その話を聞いたのは犯人検挙後でその頃文子は証人として警察に呼ばれたが、調べを受ける途中私方に帳簿の記載を確めに来て出頭した様な記憶はありません。只同人が警察から帰ってから犯人が上ったのは年末の何日頃であったか多少疑があった風で同輩等とも人相等の話をしてあの人ならばサービス料は幾ら帳場にあげたのであろうかという風に考えていた模様でした。それで私も只今提出致した帳面を取り出し、調べてみて二十九日と三十日の分に前述の通り印を付けた次第である。若しこの時文子の記憶が明確であれば両日分に印をする筈はなかったのである。昨年十二月三十一日頃私方の接客婦を占領軍の接待のために鍋屋等に出したことはないと思う。三十一日の晩は客が少くて非常に淋しかった記憶がある。尤も日時ははっきりしないが、占領軍が当地に出張した際財務局の方から依頼を受けて人吉旅館か鍋屋旅館に女を出したことは二回位ある。文子の性格は一寸した嘘位は申すことがあるが、悪質な嘘を申す様なことはなく、順情な方であった。然し智能の程度は普通の人よりも幾らか足らない点があった様に思うし、お客に対する等にも好きこのみがあり、気に喰わぬときには時々喧嘩をするということもあった。又お客から貰ったサービス料等も自分で勝手に天引をして帳場には少なく納める風があり、いつであったか占領軍へ出したとき帳場には千円しか納め

なかったのに後で税務署の総務課長から実態は千五百円支払っていると聞いたこともある。」旨の供述記載

㈥　当裁判所昭和三十一年二月二十七日附検証調書

㈦　第一審（三二〇丁）添付運輸省編集時刻表によれば

一、免田栄は人吉市駒井田町特殊飲食店「丸駒」事佐伯栄一郎方に同店接客婦石村文子（当時十八年）の客としてその日午後九時半頃から翌日朝午前七時頃まで宿泊し立去ったこと、

二、免田栄は

「丸駒」に宿泊した際、石村文子の実家が八代郡宮地村に在り、同家はもと刀研をしていた家であることを聞知して昭和二十四年一月一日右文子の実母村上キクエ方を訪問していること、

三、免田栄が昭和二十三年十二月二十九日午後九時頃人吉市孔雀荘に行ったときの服装、昭和二十四年一月一日宮地村宮ノ前村上キクエ方を訪問した際の免田栄の服装は殆んど完全に一致し、昭和二十三年十二月三十一日人吉市山並政吉方における服装も所持品の点を除外すれば、殆んど一致し、茶色の帽子を冠り、国防色の上衣色のさめたものに、それに少し目の荒い国防色ズボンを着し、白黒まだらの紐のついた新しい黒ズック靴を穿き、チャック付布製手提カバンを持っているものと認められること。

四、免田栄が「丸駒」に宿泊した際の服装は茶色の中折帽子を冠り、国防色上下の色のさめたのを着し、黒ズック靴を穿き手に布製の手提カバンを持っていたこと、

五、溝辺ウキエの供述調書を検討すると昭和二十三年十二月二十九日免田栄が人吉市中青井町旅館孔雀荘に来たときの模様は、溝辺ウキエが栄と終列車で人吉駅に到着し、同駅で下車して栄と別れ、孔雀荘に帰着して一時間位して栄が来たり同人は一時間位遊んで帰ったものと認められ、時刻表によると免田駅発終

列車の人吉駅到着時刻は午後七時十分であるから、免田栄が孔雀荘に到着した時刻は同日午後八時十分前後であり、孔雀荘を退去した時刻は同日午後九時十分前後頃であること、

六、石村文子の供述によると

　免田栄が「丸駒」に来た時刻はその日の午後九時頃で、下りの汽車が着いた頃であり、時刻表によるとその時刻頃到着する下り列車は八代駅発人吉駅午後九時二十分の列車以外にはないから、免田栄が「丸駒」に到着した時刻はその日午後九時二十分頃であること、

七、当裁判所前記検証調書によると孔雀荘と丸駒とは共に人吉駅前附近に在り、「孔雀荘」と「丸駒」間の距離は目測約三百米であり徒歩三分位で到着すること

が認められる。しからば免田栄が「丸駒」に宿泊した日は昭和二十四年一月一日村上キクエを訪問した日より以前であって、黒ズック靴を購入して穿いた日よりも以後であることが明かであり、黒ズック靴を購入したのは昭和二十三年十二月二十八日以後であるから「丸駒」に宿泊した日は昭和二十三年十二月二十八日以後昭和二十四年一月一日以前であるということができる。そして、右期間の中免田栄は昭和二十三年十二月二十八日夜から翌昭和二十三年十二月二十九日朝までは免田町字黒田の自宅に就寝し、昭和二十三年十二月三十日夜から翌昭和二十三年十二月三十一日朝までは一勝地村大字奈良口字俣口兼田又市方に宿泊し、同日夜から翌昭和二十四年一月一日朝までは人吉市蟹作町山並政吉方に宿泊していることが明かにされたから免田栄が人吉市駒井田町特殊飲食店「丸駒」に宿泊した日は昭和二十三年十二月二十九日となる。そして、免田栄は同日午後九時十分前後頃人吉市中青井町孔雀荘を立去った後同日午後九時二十分頃から翌昭和二十三年十二月三十日午前七時頃まで、右「丸駒」の接客婦石村文子（当時十八年）の客として、同店に宿泊したものと認める。

（右認定に反する証拠についての判断）

(一)　第一審第二回公判（昭和二十四年三月二十四日―二二七丁）における証人石村文子の供述によれば、「免田栄はこうもり傘をもっていた。」ことが認められ、第一審（五一六丁）人吉測候所長の回答書によれば、昭和二十三年十二月二十九日夜の天候は快晴、同月三十日夜の天候は雨となっており、免田栄が「丸駒」に行った日は昭和二十三年十二月三十日ではないかという疑がある。しかしながら、免田栄は前記認定により明かなように、昭和二十三年十二月二十九日以後は家父に無断家出しているものであり、右回答書によれば、十二月二十七日、二十八日の天候は雨であり、二十九日も朝濃霧で午後快晴となったが、大体天気が悪いところから、実家を家出する際に傘を持って出たものと推認する余地があり「丸駒」で傘を持っていたとしても必ずしも合理性がないとはいえない。従って、右証拠により前記認定の事実を覆すに足らないものと考える。

(二)　取寄記録中石村文子の昭和二十四年一月十六日附司法巡査に対する供述調書中免田栄が「丸駒」に来た日は昭和二十三年十二月三十日である旨の供述

(三)　第一審（二二七丁）第二回公判における証人石村文子の「私は「丸駒」に伽いているとき免田栄と会った。それは昨年（昭和二十三年）十二月三十日の夜九時頃でした私を相手に上られ、その晩は泊って翌三十一日の朝七時頃に帰って行った。」旨の供述記載

右(二)(三)の各供述記載を佐伯栄一郎の前掲検察官に対する供述調書と対照すると、

石村文子は当初から、免田栄が「丸駒」に来た日が昭和二十三年十二月三十日であるか、同月二十九日であるかということについて正確な記憶を有っていなかったものと認められ、右文子は警察から帰ってから、代金の点、人相等の点を同僚や、主人の佐伯栄一郎にたしかめて、警察で「三十日」と言ったことに疑を持っている風が看取されるから(二)の供述調書及び(三)の証人訊問における右各供述は免田栄が丸駒に来た日が「三十日」であると

いうことにつき、正確な記憶を有っていなかったのに、正確に記憶しているもののように供述したことにおいて、虚偽の陳述をしたものと認定すべきであり、措信し難いものである。

第八、第一審第五回公判（昭和二十四年七月十二日—四八二丁）における証人石村文子の証言の真実性

以上認定の事実により、石村文子の第一審第五回公判における「私はこの前こゝ（この法廷を指す）で証人として取調べを受けたとき被告人免田栄が私の所に泊ったのは十二月三十日と申しましたがそれは間違っていました。帰ってから考えてみましたら二十九日の晩が本当だと思い出しました。」旨の供述記載及び当裁判所の取調にかゝる同旨の同証人の前掲供述はいずれもその供述内容が真実に合致しているものと認めるべきである。

そして右証言の真実性が発見されたのは主として請求人免田栄のためあらたに発見された取寄記録中前掲溝辺ウキエ、村上キクエ（共に死亡）山並政吉の各供述調書の取調べの結果によるものであり、右石村文子の証言が真実である限り右証拠は請求人免田栄に対する強盗殺人等事件の確定判決の基礎となった事実認定を左右するものである。

第九、免田栄の自白の検討

免田栄は第一審（三二四丁）同人の昭和二十四年一月十七日附司法警察員に対する供述調書、同（五五五丁）同人の昭和二十四年一月十八日附司法警察員に対する供述調書、同（三四二丁）昭和二十四年十二月二十九日附検察官に対する供述調書、同（三五三丁）同人の昭和二十四年一月十九日附裁判官に対する供述調書において、いずれも犯行を具体的に自白したゞけでなく第一審（一一丁）第一回公判（昭和二十四年二月十七日）における冒頭陳述及び証拠調において裁判長の問に対し、具体的に証拠につき答弁をなし、被告事件を具体的詳細に自白しているも

のである。そして第三回公判（昭和二十四年四月十四日）において、おそらく最終公判の豫定であったと思料されるが、裁判長の最終尋問の途中において足跡が犯行現場の方に向はず、本件「丸駒」に宿泊したと陳述するようになり消極的に犯行を否認するに至ったものであって、その否認の態様についてはまことに疑問の存するものである。

㈠　免田栄の前掲（三三四丁）昭和二十四年一月十七日附司法警察員に対する供述調書によれば同人の本件犯行に対する供述として、「自分は免田の家を出るときから「ナタ」を持出し、その「ナタ」は人吉駅に着く迄腰にさしておりまして、人吉駅についてからもその「ナタ」は肌身離さず腰にさしておりました。何故私が人吉駅通りの平川飲食店に荷物を預けたとき「ナタ」を預けずに何時も腰にさしていたかと申すと実はそのとき二千四百円位しか金の持合せがなく、それに孔雀荘の飲代を千四百円余り支払えば、残る金が不自由であるから「ナタ」でも持っておれば、人を脅かして金を取ることができると云う考えから「ナタ」は平川飲食店に預けなかった様な訳である。自分は前に申した様に平川飲食店に荷物を預けてから市内をぶらぶらして歩き廻り、午後八時頃孔雀荘に行った。自分は孔雀荘にはいる前に「ナタ」は腰からとって孔雀荘の筋向いの木炭倉庫の隅の方に「ナタ」を隠して孔雀荘にはいり、女中の溝辺さんに飲食代として千円支払った。掛代は実は千四百円余りであったが、金を千四百円も支払うと金が心細くなるので、残金は後日支払うと言って、千円だけ支払った。孔雀荘で千円支払って少時くして同家を出てそれから木炭倉庫の隅においた「ナタ」を又とって、それを右腰の「バンド」に柄を下に刃先を後ろにしてさし、駒井田の料理屋を冷かして廻った。自分が当時の服装は帽子は被らず、上衣は国防色の色のさめたしらけたステン襟の洋服でズボンは毛布の様な地で、色は霜降りの濃い色のものであった。首には「白マフラー」を掛けていた。又穿き物は地下足袋を穿いていた。駒井田通りを冷かしたりして、それから通行人の少い泉田町の中学通りに行った。中学通りに行った理由は通行人の金でも余計持っておる様な人が通れば脅かして取る考えからであった。そのため余り人通りのない中学通りに行ったわけである。中学通りでは私が脅かして金を取る様な人は通らず、その中にふと祈禱師の白福さんの事を思い出し、あそこなら豫て評判が良く賑っているから金を貯めておるだらうと考え、その家に行って金を盗ろうと決意した。自分は白福さんとは何等身分上の関係はないが白福さんの家は以前同家の前を通りがゝりに、「此処が白福さんの家かな」位に知っていた。自分は白福さんから金を盗む決意してから中学通りの煙草屋の横の小路にはいった。小路を少し行き右に折れ小時く行ったところ、脇に家があり、その家の中で、二、三人青年の話しているのが聞こえるので自分は少時く家の手前に様子を伺っていたところ、別に自分の通るのを氣付いている様子もなく、それでも私は恐しい氣持がして、そはそはしてその家の前を通り抜け、その家の角から右に折れて、用心々々して、白福の家に行った。白福さんの家に行き恐る恐る家の中を戸の隙間から覗いたところ、皆寝て隙間から電燈のあかりが洩れており、自分は最初表戸からはいる算りで、戸を開けようとしたが容易に開かないので、此処では駄目と思い、次に戸の右横の雨戸の下の板を外し、そこからはいろうと腰の「ナタ」で板をこぢあけたが、床下と地面が低く、中にはいるのに、無理するので、其処はその儘にして、今度は表雨戸の右端の雨戸の隙に「ナタ」をさし込みこぢあけた。雨戸の直ぐ内側には障子があった。自分は雨戸をこぢ開けてから中の障子を開け「ナタ」は右腰にさして、地下足袋を穿いた儘家の中にはいった。家の中にはいって中を見廻したところ家族四人枕を並べて寝んでおり、前方の隅に単笥があり、手前右側にも単笥があり、その単笥の方に皆頭を向けて雨戸に近い方に親父さんが寝て、次に娘、その次は娘か母親かはっきり判らないが二人寝ていた。私は最初手前右側の単笥から金をとる心算りで上から二番目か三番目かの単笥の抽出しを少し開け様としたとき、おっかさんか何かゞあまり大きい聲ではなかった「誰か」と声を立てられたので、自分は「ハッ」と思い単笥の抽出は半ば開けた儘にして単笥から手を引いてじっと静かにして家族の様子を伺っていたが、その儘あとは何ともないので、自分は今度は母親に近い単笥の方に近ずき、その単笥の下から三番目かと思うが、その抽出を開けたところ、財布がはいっていたので、それを取って中身を改めようとしたところ、母親が「泥棒」と声を立てられたので、自分は全身が「くわっ」となり、家族の方を振り向いたところ、親父が起き上ろうとしたので、恐しさと、逃げるに逃げられない状態とが一緒くたになり、発作的に「斬って仕舞え」と云う氣が起り、右手で腰の「ナタ」を取り、それを振り上げて起き上ろうとする親父の頭を目掛けて二回か三回位斬りつけたところ、親父は「うん」と云って倒れ、そうする中母親が自分に向ってくる様な氣配を突嗟に感じたので、自分はそのときは逆上していたので、今度は母親の頭を目掛けて二度か三度位斬り付け愈々無我無中になり、その後は娘一人を後先に斬りつけた。自分は無我無中に斬ったくっておる中に母親の傍に刺身庖丁の様なものがあったので、自分はそれを取り、手に持っていた「ナタ」は畳において、刺身庖丁の様なものを右手に持って、父親のところに行き、父親が苦しまぎれに起き上ろうとするところを、押え付けて、父親の「のど」を二回位刺した。自分が最初刺そうとしたとき親父さんが自分の手を握ったので、それを振り離して刺し、二回目刺したとき父親が刺身庖丁の様なもの、刃先を（二字不明握る？）したので、自分は力まかせにもぎとり、刺身庖丁の様なものは畳の上に捨て、それから自分の「ナタ」を右手に持って、茶棚の側の裏戸を突き開け、そこから飛び出て、垣を越えて何う走り逃げたか自分も夢中で逃げたところ、中学通りに出た。そこで東駅の前に出て駅前の道路を願成寺町方面に行き、それから湯前線の線路傳いに約百米位行って右土堤に上り、木上に通ずる県道に出て県道を通って、高原の滑走路のところに行き、そこ迄は走ったり歩いたりして行き、途中誰にも会った様な覚えはない。高原の滑走路と舊道の境目のところで、畠の中に「ナタ」は土を掘って埋け、上から草を少し被せ、それから着ていたハッピは高原に行く途中抜いで手に持って免田と深田と、木上の境の六江川で「ハッピ」についていた血を洗い落した。「ハッピ」には胸のあたりに大分血が附着していた。そのとき時間は朝方五時頃と思う。それから湯前線の線路傳いに西村方面に出て、更に蟹作の方に逃げ、人吉市城内に九時半頃着いた。人吉市城内を通って水の手橋を経てその朝十一時頃二十九日荷物を預けた人吉駅前の平川飲食店に行きそこで荷物を受取り、更に城内に引返し、城内に午後五時頃まで休んだ」旨

㈡　第一審（五五七丁）免田栄の昭和二十四年一月十八日附司法警察員に対する供述調書中「云々自分はこの前申上げた中で申忘れた點は、「ハッピ」を白福さん方にはいるとき着ていたことで、その外に「白マフラー」を首に掛けていた。又そのとき着ていたしらけた上衣は警察に捕る迄自分で着ていた。」旨

㈢　前掲免田栄の昭和二十四年一月十九日附検察官に対する供述調書によれば同人の供述として、「云々、白福方に着いたのは（昭和二十三年十二月二十九日）午後十一時から十二時迄の間であると思うが、時計を持っていなかったので正確な時刻は判らない」旨

㈣　第一審（一五丁）第一回公判における免田栄の「このマフラー（証第三号）は自分のもので、自分は本件犯行当時このマフラーを首に巻いていた。」旨

各供述しているものである。そして、斯様な重罪事件により被告人として起訴され、有罪の判決を受けた場合如何なる処罰を受けるかは、何人と雖もこれを予測するに難くないであろう。

従って、被告人が警察官、検察官及び裁判官の面前で自白しただけでなく、公開の法廷で自白する場合は、それ自体その自白に信を置くべきことはいうまでもなく、右自白を補強する兇器に被害者の血液と同型の血液が附着し、自白に相応する被害事実が存在するものである以上格別の理由がない限り有罪を免れ得るものではなく、後にその自白を撤回したからとてその自白の撤回を理由あらしめる証拠が提出されない限り前になされた自白を取消し得べき限りではない。しからば、本件において、前記石村文子の証言による不在証明があっても、免田栄に対する有罪判決の基礎となった事実認定の証拠であって有罪の認定をなすにつき他に動かすべからざるものが存在する以上、右あらたに発見された石村文子の証言の真実性を以て無罪の言渡をなすべき明白な証拠ということはできないと思料されるから、更に右自白の信用性を検討しなければならない。

（犯行時刻）

本件犯行時刻は前記免田栄の検察官に対する供述調書によると昭和二十三年十二月二十九日午後十一時から十二時迄の間と思うと記載されており、本件起訴状によると、「昭和二十三年十二月二十九日午後十一時三十分頃同市北泉田町二二五番地白福角蔵方住家表の雨戸を開けて侵入し」と記載されている。この點につき、

㈠ 取寄記録中永尾將郎（当時十七年）の昭和二十三年十二月三十日附司法警察員に対する供述調書

㈡ 取寄記録中白福実（当時十八年）の昭和二十三年十二月三十日附司法巡査に対する供述調書中同人の供述として、「昨夜（二十九日夜）夜警に当り、夜警に午後十時から行った、夜警に当りましたのは私と長尾さんと折尾さんである。巡った回数は一回は二時十五分頃、二回目は三時二十分である。実は二回とも私の家を見廻ったのであるが、前の晩私一人治療室の方に寝ておったところ、戸をゴトゴトいわせたので不要心と思い一回目に廻ったときは治療室の裏に井戸があるので井戸端まで自分一人見て來て異状

がなく、玄関の傍に待たせて居った二人と帰った。そのときは母家の前を通ったゞけである。二回目更に私一人廻るとき母家の中からウンウンいううめき声が聞えたが、私はイツ子が夕方腹が痛いと申していたので、腹がいたいのだろうと思ったのである。そして行きかけたら中から妹のイツ子が実々と呼ぶので私は「まだ夜警は済まん」と言った。すると中から妹が戸を開けて、もう父ちゃんも母ちゃんも切られて分らんとい丶血まみれになった顔を出した」旨の供述記載

㈢　取寄記録中白福ムツ子（当時十二年）の昭和二十三年十二月三十日附司法巡査に対する供述調書

㈣　当裁判所が取調べた証人白福ムツ子の昭和三十一年三月二十三日附証人訊問調書中同人の供述として、「昭和二十三年十二月二十九日の晩は「あんこ」練りを見ておりました。「あんこ」練りが済んでから父角蔵は寝る前に、「あんこ」を食べながら冗談に、「死ぬ前に甘いものでも食べて死なねば」といっていた」旨の供述記載

㈤　第一審（一一五丁）証人白福ムツ子の昭和二十四年三月四日証人訊問調書中同人の供述として「私は昭和二十三年十二月二十九日の夜は（午後）九時半頃寝た。電燈は消して寝た。」旨の供述記載

㈥　第一審（二九丁）司法警察員杉本尚之の昭和二十三年十二月三十一日附検証調書中犯行現場内部の模様につき「家屋内北側米びつの西側畳上には丸食卓を置き云々丸鉢一個がのせてあり鉢の中には正月用餅の「あん」と思われる小豆のこしあんを丸めたものが多数に入れてある旨の記載

㈦　第一審（四二丁）鑑定人世良完介の昭和二十四年一月二十七日附白福角蔵の死体に対する鑑定書中「(二十四項)、胃大さ中等大食物内容約一〇〇粍を存し、未消化の米飯粒、小豆粒、焼豆腐片及野菜片等を混ず、粘膜は淡褐色平滑、粘膜欠損出血等異状を認めず。死因は頭部割創に基く脳挫滅並に失血にして他為的の損傷なる

を以て本屍は他殺とす。死後経過時間は二十時間内外と推測せられ、その食後の経過時間は四時間内外と推定せらる。」との記載

以上の証拠によると

一、白福実、永尾將郎外一名が夜警にまわったのは第一回目昭和二十三年十二月三十日午前一時半頃又は午前二時十五分頃であるが異状を認めず、第二回目同日午前三時三十分頃犯行を発見したこと、

二、被害者である白福ムツ子の供述によると犯行は昭和二十三年十二月三十日午前三時頃行われたこと、

三、被害者角蔵は寝る前に「あんこ」を食べており、寝た時刻が昭和二十三年十二月二十九日午後九時三十分頃であるとすれば、犯行は四時間内外後の昭和二十三年十二月三十日午前一時半頃となること、

が認められる。以上の事実を綜合すると、本件犯行は昭和二十三年十二月三十日午前一時三十分から同日午前三時三十分迄の間に行われたものと認めるのが相当であって、犯行が昭和二十三年十二月二十九日午後十一時三十分頃に行われたと見るのは根拠が薄弱である。

（侵入口、逃走口）

免田栄の前掲司法警察員に対する供述調書及び同人の検察官に対する供述調書によれば、西側雨戸の右端の雨戸を「ナタ」でこぢ開け内側の障子を開いて侵入し、侵入後雨戸も障子も閉しておき、犯行後茶棚の側の裏戸を突き開けそこから飛出した旨記載されている。この點につき

㈠　第一審取調済（二七丁）杉本尚之の検証調書中「該住家前面には南隅三尺が隠しのない戸袋となり同所から北側に三尺巾の「板戸四枚が密閉」しあり、試みに之を外部から開けようとして開けることはできない。その板戸をはめた敷居の高さは下端まで地上から一尺三寸を距て南一間は二分板三枚その北方一間は厚さ四分、巾四寸の板戸二枚を南端柱及びそれから一間目二間目の柱に各横に釘付けにして床下を塞いでいる。

然るに前記南より二間目及び三間目柱の間の板二枚は北端は柱に釘付けした釘が腐蝕折損し、上部の板の北端の釘一本は折損せず柱に残っているが、板の部分は釘穴を中心に横に約三寸断面不規則の割目を存し、釘から外れているため、板は南から二本目の柱に釘付けされている丈で、北端は二枚とも柱から遊離してフラフラしている又前記上部の板の北端の割目は新しく且外力による破損と認める。些細にこの二枚の板の内側、床下を検するに北端約一尺位の部位には板の内側約五寸の部位の閾の下端から絡み合ったくもの古巣が数条下って長い所は地上五寸位まで垂れ下っている。（中略）尚横板の上部には粉状の塵を一面に存しているが、上の板は長さ三尺位下の板はそれより稍短く、その塵芥が落されているのが認められ其拠の下部にあたる床土は内部から外部に向けて何ものかをひきずった様な跡が認められる。（中略）又「東側北端一間の部分は地上から約六尺位を外側に約一尺位を突出してその外部は板囲いにしてあるが、こゝは内部から固定されているので出入は出來ない。」旨の記載

(二) 当裁判所の昭和三十年七月十一日附検証調書

(三) 第一審（一〇〇丁）昭和二十四年三月四日附裁判所の検証調書中東側は殆んど壁で北端に幅三尺と奥行一尺を外側に窓出し右出窓のようなものがあって、この出窓のような部分に外側から幅三尺四寸高さ四尺五寸の戸を舞戸式に取付けてあるがこの戸を内側から紐で引き括ってあるので、この部分から屋内に侵入できない。旨の記載

(四) 取寄記録中白福三男の昭和二十四年一月二十五日附検察官に対する供述調書中同人の供述として、「土間東側庭硝子戸一枚分位の開戸があり、外部に扉式に開く構造になっており、平素は柱と戸の両方に釘を打ち、徑二分位の棕梠縄で結んで戸締をし、内部には炊事道具等を積重ね、同所からの出入にしない様になっていたが事件後も此の部分については異状はなく私が色々調べて見ました際確実にその縄を解いた上元の様

に結んだ事実があり、内部の炊事道具等も蹴散し等した形跡は認められなかった。唯後で数日後警察官が色々調べに來られた察切られたのではないかと思うが、現在では切れている。」旨の供述記載

㈤　当裁判所の事実取調における証人白福三男の昭和三十一年二月二十日附証人尋問調書中同人の供述として、「裏の炊事場の戸は夜が明けてから氣付いたときは紐が解けて戸が外の方に開いているのは違っております。その戸は紐を解くと自然に開くようになっており、紐を見なくても開いているか閉っているかは解るが、事件当夜その戸が閉っていたことは相違ない。外から紐を結びつけることはできない。」旨の供述記載

を綜合すると、免田栄の自白調書中逃走口として述べている裏戸は、炊事場の食器などを載せて置く出窓であって、同所は外部に扉式の開戸があり内側から紐で内部の釘に結びつけて固定するようになっていたが、犯行後その戸は内部から固定されており開いて居なかったこと、右開戸の紐を外部から結ぶことはできないことが窺われるので、犯人が同所から逃走した事実はないものと疑う余地がある。却て、西側土間入口の右下にある床下のはめ板北端は二枚とも柱から外されており、その中一枚には新しい割目がついており、床土には内側からなにものかを外に引きずった跡があり、且敷居と床土との間隔は当裁判所の検証の結果によれば内側土間の部分は高さ二十三糎あり、外側は三十四糎あるのではめ板二枚が外されて居れば、尤に成年の男子が出入できるものと認められ、右事実は、前記被害者白福イツ子、同ムツ子の供述とも一致しておるので、犯人はむしろ右床下から逃走したものと認めるのが相当である。

（犯人の服装、穿き物）

前掲免田榮の自白調書を綜合すれば、免田榮は犯時、国防色洋服上下の上に「ハッピ」を着し、且白のマフラーを首に掛け、地下足袋を穿いていたものと認められる。しかるに、被害者白福ムツ子の前掲取寄記録中の供述調書によれば、犯人は

軍隊服の色の腿せたのを着ており、ネクタイを結んでおらず、又オーバも着ていず、帽子も冠っていなかったことが認められ、自白調書の服装とは、「ハッピ」を着ていた點が相違する。次に、溝辺ウキエの前掲昭和二十四年一月十六日附司法巡査に対する供述調書、平川ハマエの前掲昭和二十四年一月十七日附供述調書を綜合すると、免田榮の昭和二十三年十二月二十九日午後九時頃以後の服装は、茶の中折帽、国防色上下色の褪せたのを着し、布製チャック附手提カバンを持ち、従來穿いていた地下足袋を黒色ズック靴に穿き換えていたことが認められるので右自白調書は当夜の免田榮の服装、穿き物と相違することが窺われる。なお、本件においては、地下足袋丈が押収の上血液鑑定がなされており、黒ズック靴は押収されていない。若し犯行現場の足跡と地下足袋が一致するものとせば、この一點において、犯人の異同を判断し得るものと考えられるが、本件においては足跡の採収は不可能であったゝめ、右判断の資料とならないものである。

（免田榮の衣服その他における血痕附着状況）

本件犯行現場についての各証人の供述及び第一審（一〇〇丁）昭和二十四年三月四日附検証調書によれば、現場には血痕が飛散しており、畳の上にも多量の血液が流れていることは明かである。してみれば犯人の衣服、身体に必ずや血液の飛沫が附着しているものと考えるのが合理的であり、前記免田栄の供述によっても「ハッピ」と「ズボン」に血液が附着していたから逃走の途中河の水で洗ったと述べている。右供述が真実であるとしても、免田栄は犯時「ハッピ」の下に国防色上着を着し、白のマフラーを首に掛けているものであるから、これ等の衣類にも、血液の飛沫が一點位附着しているものと考える餘地がある。しかるに、第一審（六九丁）昭和二十四年一月十八日附国家地方警察熊本県本部警察隊長の鑑定結果通知によれば、紺色木綿製絆天、国防色木綿製上衣、薄茶色毛糸製チョッキ、白色絹製マフラー、軍隊手袋、褐色ラシャズボン、地下足袋において血痕附着の証明を得ずと記載されておるものであり、右「ハッピ」と「ズボン」を河の水で流ったとの前記自白調書の記載が真実であるか否か疑を生ずる。

（犯行の態様）

㈠　免田榮の前掲昭和二十四年一月十七日附司法警察員に対する供述調書によれば、同人の供述として、云々自分は単笥の下から三番目かとも思いますが、その抽出を開けたところ、財布がはいっていたので、それをとって中身を改め様としたところ、母親が「泥棒」と聲を立てられたので、私は全身が「くわっ」となり家族の方を振向きましたところ、親父が起き上ろうとしたので、恐しさと逃げるに逃げられない状態とが一緒になり発作的に「断って仕舞え」という氣が起り右手で腰の「ナタ」を取り、それを振り上げて起き上ろうとする親父の頭を目がけて二回か三回位斬り付けたところ、親父は「うん」と言って倒れ、そうする中母親が私に向って來る様な氣配を突嗟に感じたので、私はそのときは逆上しておりましたので、今度は母親の頭を目掛けて二度か三度位斬り付け愈々無我無中になり、その後は娘二人を後先に斬り付けた。私は無我無中で斬ったくっておる中に母親の傍に刺身庖丁の様なものがあったので、私はそれを取り私が手に持った「ナタ」は畳に置いて刺身庖丁のようなものを右手に持って、父親のところに行って、父親が苦しまぎれに起き上ろうとするところを押えつけて、父親の「のど」を二回位刺した。私が最初刺そうとしたとき親父さんが私の手を握ったので、それを振り離し、二回目刺したとき父親が刺身庖丁様のもの、刃先を（二字不明）したので私は力まかせにもぎとって、刺身庖丁様なものは畳の上に捨て、それから自分の「ナタ」を右手に持って逃げた。」旨

㈡　免田榮の前掲昭和二十四年一月十九日附検察官に対する供述調書によれば同人の供述として、「二番目の単笥の抽出しから財布を捜し出したが、家人に氣づかれたので、私も慌て、しまいこうなっては仕方がないと思って、持っていた鉈で最初に父親に母親其の後は子供達をめった打ちに切りつけたのである。主に頭を目がけて切り

つけたが、私も相当あわて、いたので、相手が死ぬとか生きるとか考えている餘猶もなかった位である。」旨

記載されているものであるが、

当裁判所事実取調における鑑定人世良完介の昭和三十一年八月七日附鑑定書によれば、「白福角蔵（七十六歳）に加えられた各創傷の前後關係は、先ず前頸部上部右側の刺創と略同時に左上肢手掌面等の切創を受傷し、その次に頭部の各割創を受傷したものと認める。（中略）白福角蔵に加えられた前記頭部における十個の重大なる割創は通常その受傷によって忽ち昏倒しその意識を喪失し、たとえ、瞬時に呼吸運動心臓運動の停止を招來せずとも（如斯、受傷では通常、忽ち死亡することなく、意識喪失、人事不省のまゝ猶暫くの間は生存しているものである）最早その意識を喪失しているので刃器の侵襲を防禦せんとする働きを全く認めることができないものである。而て左上肢手掌面における大なる切創は「薄刃鋭利なる刃器による切創にして、前頸部の刺創と同一刃器に據る切創、恐らく其刃を握り締めたものと推定せられる」がこの切創は正しく、その通りの受傷と認められる。然らば、この左上肢手掌面に於ける切創を受傷した際には白福角蔵は明らかに、その意識を存し、兇刃の侵襲を防禦する為めに、自ら兇刃を掴んで受傷した切創であり、この際の兇刃と前記前頸部上部右側における刺創とが同一刃器に由來するものであるならば、その受傷時期は略同時の引続いた時期であり、前期頭部に於ける十個の割創も亦、本屍生前同一、別の一兇器による執拗に引続いた受傷であることから推して、加害者が若し一人の場合には頭部割創群と前頸部の刺創、切創及左上肢手掌面、右上肢腕關節の切創群との二つの相異なる兇器を使い分けて同時に各力一杯に働かせることが困難であることからして、左上肢手掌面の切創（右上肢腕關節部後側の切創）前頸部上部右側の刺創（右下顎縁部及項部右上部の切創）等の鋭利なる刃器に據る受傷は、頭部各割創を受傷するより前に受傷したものと認められなければならない。従って本件白福角蔵は先ず鋭利なる薄刃刃

器による前頭部上部右側の刺創、之が防禦の為め左上肢手掌面の切創等を受け、その次に重量ある大なる刃器による頭部の各割創を受傷したものと認めなければならないものである。」旨の記載（但し右鑑定書中白福角蔵に加えられた十個の重大なる割創中第九創の「深さ約九糎」の記載は第一審（二九五丁）証人世良完介の昭和二十四年五月十九日第四回公判における供述、同人作成の第一審（四二丁）鑑定書中四五丁「其の第九創は云々創底は深さ約一、五糎」の記載を綜合し、「深さ一、五糎」の誤記と認める。）と対照するときは、免田榮の前記自白調書中の犯行の態様に關する供述が事実に反することが明瞭である。然しながら、斯様に犯行の態様が逆になっていても、前記供述調書は免田榮の記憶違いによるものであるかも判らないし、供述と事実との間に多少の相違があっても同一人による犯行であることを認定するに妨げないとの論議を容れる餘地があるかも知れない。よって、前記供述内容を検討するに、押収してある鉈一挺（証第二号）は免田榮が自宅を出るときに腰に差して持っていたものであり、押収してある刺身庖丁一挺（証第一号）は被害者方内部に在った被害者の所有であること、第一審（三二丁）昭和二十三年十二月三十一日附司法警察員作成の検証調書の記載、第一審（二九丁）証人白福ムツ子の昭和二十四年三月四日附供述調書中同人の供述として、「鉛筆、紙等を切るために台所用の庖丁をかねて使う事はあったがその晩は使わなかった。証第一号刺身庖丁は出刃庖丁と一緒に台所の処に仕舞うようになっていた。これは私方のものですが、こんなに曲っていなかった。」旨同日附証人白福三男の供述調書（一二七丁）によれば「証第一号刺身庖丁は私の家の物です。その庖丁を発見した場所は父の足部と西側障子の中間部にあった。」旨、同日附証人白福イツ子の供述調書（一一二丁）中同人の供述として、「その晩刺身庖丁は寝床の処迄持って來てあったとは思わない。」旨取寄記録中白福実の昭和二十三年十二月三十一日附司法巡査に対する供述調書中、同人の供述として、「本月二十九日晩には刺身庖丁は流場の先の壁に取りつけてある庖丁かけに差してあった」旨の供述記載を綜合すると、証第一号刺身庖丁は豫ねて被害者白福角蔵方の台所流場の先の壁に取りつけてある庖丁かけに差しあったものであって、犯行の夜寝床の所に持って來てなかったことが認められ、本件の各検証調書によれば、犯行時、被害者白福角蔵の寝ていた個所、その枕許の単笥のある個所と流場とは被害者方屋内の対角線の兩端に位し、且流場は屋内土間東北隅に在る事が明かであるから、免田榮が家人に誰何せられて逆上し、まず刺身庖丁で起き上ろうとする白福角蔵の前頭部を突刺したとすれば、その間に、土間に降りて、流場に在る刺身庖丁を取り、引返さねばならず、突嗟に刺身庖丁の所在個所が判明するかどうかも疑問であるが、仮に直ちに判明したとしても、自ら腰に差して鉈を持っているものである以上、特に刺身庖丁を取りに行くという理由がないから、斯様なことは到底信ぜられないし、仮に突嗟の間に刺身庖丁を見出して取りに行ったとすれば、その間に、被害者はたとえ七十六歳の高齢者であっても、布團から起き上って、防禦の態勢をとるか、逃げるか、そうゆう態度を取るだろうと推定される。しかしながら、前掲第一審（一一五丁）白福ムツ子の供述によれば白福角蔵が起き上って逃げたと見るべき形跡はなく、同一の布團に就寝していた白福ムツ子も犯行後まで、白福角蔵の横に布團を冠って寝ていたものと認められ、前掲司法警察員作成の検証調書によれば、「西側の部の寝床は敷布とんの一部を露出し、西側に掛布とんは、ずれて居りその中に白福角蔵のうつ伏せになった屍体が頭部丈を布とんから出し敷布とん及掛布とんの頭部に面した部分には多くの血痕があり、角蔵の後頭部附近の畳には多量の血痕がある」旨記載されており、以上によると白福角蔵は横臥した儘の姿勢でまず刺身庖丁で前頭部を突刺されたものと認められるから、前記供述調書記載内容の犯行情況で、突嗟の間に、刺身庖丁を取りに行ったことを認めるべき餘地はないものと考える。又仮に、免田榮が犯行前に屋内でまず刺身庖丁を物色して、これと鉈の兩方を携えて用意していたものとすれば、むしろ、本件は当初から計画された犯行であると看るべき餘地があり、前記免田榮の供述調書中「金を盗るために、おそるおそる家の中を戸の隙間から覗き、家の中にはいってから、金をとる心算りで上から二番目か三番目の抽出しを少し開け様としたときおっかさんかなんかがあまり大きい聲ではなかった「誰れか」と聲を立てられたので私は「ハッ」と思い単笥の抽出しは半ば開けた儘にして、単笥から手を引いてじっと静かにして家族の様子を伺っていた。」旨の犯行状況と一致しないものというべきである。

以上の事実は、いずれも犯行と密接な関係のある事実であるが、自白と符合しないものと認めるべきであるから、右自白は、その信用性に疑があるものといわねばならない。

その他

(一) 前記警察隊長の鑑定結果通知によれば、兇器と目される鉈（証第二号）の柄部に血液型O型の血痕の存することが認められるが、前記自白にその信用性を疑うに足る理由が存在する。

以上右自白を除外して、右鉈の存在のみによって、免田栄の犯行を証明することはできない。

(二) 第二審（八四二丁）証人白福ムツ子（昭和十二年十一月二日生）は請求人免田栄を示しての裁判長の問に対して、「背の高さや、体付きはこの人に似ていました。年齢もこの人位に思われましたし、服もこの様な服を着ていました。帽子は冠っていたかどうか記憶しない。顔は隠していなかったが、この人かどうか判りません。」と供述しており、犯人との類似性を供述しているが、当裁判所の事実取調における証人白福ムツ子の昭和三十一年三月二十三日附供述調書によれば、同人の供述として「私は切られてしまってから眼がさめた。その人が自分に布團をかけてくれた。その人は誰だか判らなかったが、百燭光の大きな電燈がついており、その人の顔を見た。全然知らない男であった。その男は自分の方を向いており、その顔もよく判った。免田栄を警察の実地検証のときともう一度見せて貰った。その人であるかどうかよく分らなかった。免田栄を見たとき怖くて顔はよく見なかった。警察官にこの人だったか訊かれたが、この人であるとも違うとも別にそんなことは考えなかった。検証のとき現場で、私が「犯人はこゝに立っていた」といって、その場所を指すと警察の人がそこを測った。そのとき免田も居りました。警察の人が免田に、私の言うことに意見はないかと尋ねた。免田は「意見はない」と言った。それで、免田が意見はないと言ったので、私はこの男に間違いないだろうと、はっきりした自信はなかったのですが、安心しました。はっきりした自信がなかったというのは、はっきり見てないもんですから、」と供述し、右被害当時右証人が満十一年の少女であることを考慮しても右証言によって免田栄を犯人と推定するに足らないものである。

他に、免田栄の犯行を証明するに足る証拠はない。

第十、結　語

本件において、証人石村文子の第一審第五回公判における証言が真実に合致するものである以上、請求人免田栄は本件犯行当夜である昭和二十三年十二月二十九日午後九時二十分頃から翌昭和二十三年十二月三十日午前七時頃までは、人吉市駒井田町特殊飲食店「丸駒」事佐伯栄一郎方に同店接客婦石村文子の客として同店に宿泊したことが窺われるものである。果してそうだとすれば、請求人免田栄の本件犯行についての前掲自白は、犯行の外形的事実と著しく相違し、且右自白を除いて、請求人免田栄が本件の犯人であることを証明するに足る何等の証拠も存在しないものであるから、右証人石村文子の第一審第五回公判における証言は、請求人免田栄の本件確定判決の基礎となった事実の認定を左右するものであって、刑事訴訟法第四百三十五条第六号所定の「有罪の言渡を受けた者に対して無罪を言渡すべき明かな証拠」に当るものというべきである。そして、右証人石村文子の証言の真実であることは、右証言に関連する新証拠の取調によってあらたに発見されたもので

あるから、請求人の本件再審の請求は理由がある
ものといわねばならない。
よって、刑事訴訟法第四百四十八条に則り主文
のとおり決定する。
昭和三十一年八月十日
熊本地方裁判所八代支部
裁判長裁判官　西辻孝吉
裁判官　森岡光義
裁判官　森永龍彦

免田事件関連年表

1948年

12月30日　午前3時頃、熊本県人吉市で祈祷師一家4人が殺傷される事件発生

1949年

1月1日　新刑事訴訟法施行
1月13日　免田栄さん、午後九時過ぎに熊本県球磨郡一勝地村俣口の知人宅から警察に連行される
14日　午前2時30分過ぎ、別件窃盗で緊急逮捕される
16日　正午、いったん釈放されるが、午後2時頃、強盗殺人容疑で再逮捕
17日　「自白」調書が作成され始める。鉈やマフラー押収
28日　強盗殺人などで起訴される
2月17日　熊本地裁八代支部で第1回公判
4月14日　第3回公判で全面否認する

1950年

3月23日　熊本地裁八代支部で死刑判決。

1952年

1月5日　最高裁、上告棄却で死刑確定。
6月10日　福岡高裁に第1次再審請求

1953年

2月11日　熊本地裁八代支部に第2次再審請求

1954年

5月18日　熊本地裁八代支部に第3次再審請求

1956年

8月10日　西辻孝吉裁判長による再審開始決定。熊本地検が即時抗告。

1959年

4月15日　福岡高裁、西辻決定を取り消し、再審請求を棄却

1961年

12月16日　熊本地裁八代支部に第4次再審請求

1963年

12月20日　国に対して鉈などの証拠物引渡し請求の民事訴訟を起こす

1964年

10月28日　熊本地裁八代支部に第5次再審請求

1971年

7月31日　民事訴訟で鉈などの証拠物を紛失した検察官の責任認められる

1972年

4月17日　熊本地裁八代支部に第6次再審請求

1975年

5月20日　最高裁の「白鳥決定」

1976年

4月30日　熊本地裁八代支部、第6次再審請求を棄却、弁護側抗告

1979年

9月27日　福岡高裁が再審開始を決定、検察が特別抗告

1980年

12月11日　最高裁が特別抗告を棄却、再審開始が確定。

1981年

5月15日　熊本地裁八代支部で再審第1回公判

1983年

7月15日　熊本地裁八代支部（河上元康裁判長）無罪判決。即日釈放。

7月28日　検察、控訴断念、無罪確定

あとがき

死刑囚のレッテルを負わされた私は、この確定判決に不服で再審に取り組みました。獄中三四年間、一日として死刑の恐怖を忘れたことはなく、その恐怖から解放されるために努力したのでした。それは、私にはこの死刑という刑からどうしても逃れることの出来ない重い事実があるからです。私は警察で自白調書を作成され、この自白調書を検事の前でも第一回の公判でも認めているからです。

人が人を裁く、一言にすれば大変簡単なことですが、法律の前では大変重い責任を負うことになります。

私はここで一考してもらいたいことがあります。一八六八年、鳥羽伏見の戦いで徳川方に勝利した京都の公家は江戸城を開放し、一八七一年に岩倉具視の他多くの特使が欧州に渡り、数年居住して文化・文明を吸収して帰国します。

欧州から帰国した岩倉一行は、従来の公家の宗教の主＝明治天皇をキリストにすりかえ、国家宗教を称し、天孫降臨つまり天下り族として天皇制を成立させ、国外には日本は日出ずる国、朝鮮や中国は日沈む国と言って差別し、ここに日本国を誕生せしめます。議会も貴族院、衆議院で構成し、政治もスムーズに司られるかに見えるが、さにあらず、天皇、枢密院が政治に介入する。この事態は旧今変わらなかった。

徳川は木戸孝允を通し、財産は全部やるから徳川の家紋は残してくれと頼んで貴族として残ります。徳川に癒着して権勢を思いのままにした仏教界はさらに堕落の一途をたどり、天皇に癒着する。そういった歴史経過が、その後、獄中の私に因果律を説き、死刑に服することを進言することにつながります。私の郷里の門主は、「せっかく浄土からお招きのあった門徒の若者を、キリスト教の牧師が助けやがった」と言い、「人殺し、けがれ者、親不孝者」と、悪態を隣近所に言いふらしました。

一審で木下裁判長が証人調べの時に、証人の免田光則に対して

「被告人は嘘をよく云っていたか」

「はい、よく嘘を云っていました」

「どんな嘘を云ったか」

(これには黙して答えを持たなかった)

私たちは三人兄弟で、実母という方が私が十歳の時に死去し、その後九名の後母さんが入れ代わった。父栄策は長男の忠義は目に入れても痛くないほど可愛がり、弟光則は病弱でこれも

可愛い。故に家庭の悪事はすべて私に負わされ、針のむしろで私は育った。この事情を知った木下裁判長は「自白を翻した、その根性の曲がりに心証を悪くした」として、死刑判決を出している。

日本の法曹界や政治界には国民を奴隷視する者が多い。木下裁判長も東大卒の肩書きがあるが人間的な努力のない方で、私は寂しい思いを消せない。

長い歴史を持つ欧州では「裁くなかれ、裁く者は裁かれる」とあり、「義人なし一人だになし」という。よき教訓であるが残念ながら日本にはそういった思想はない。それでとは言わないが、日本ほど法治国と言いつつ証人や証拠隠しを軽々と行う国を私は他に知らない。

再審制度の活用は戦前はなく、死刑囚も一般囚もことごとく投獄し、死刑囚は処分され、仏教の因果応報の犠牲とされた。敗戦後は吉田石松氏が法務省の玄関先に座り込んで再審を請い、安倍治夫検事が検事職を犠牲にして救済されたことはあまりにも有名であるが、このことは逆にこの国の個人の人権が法の前に低い証でもある。

この後、私を含めて四名の死刑囚が再審で無罪になり、さらに一般囚の方が再審無罪を得ているが、私たちの死刑という確定判決は法的には取り消されることなく、放置されている。

民主法治国としてこういう状態でよいものか、国民のみなさんの御意見を聞きたいものです。

（二〇〇四年七月）

著者紹介
免田栄（めんださかえ）
1925年熊本県球磨郡免田町で生まれる。
現在、大牟田市に在住し、死刑廃止のための活動に携わる

著　書
『免田栄獄中記』社会思想社、1984年（絶版）
『死刑囚の手記』イースト・プレス　1994年（絶版）
『死刑囚の告白』イースト・プレス　1996年（絶版）

免田栄　獄中ノート
私の見送った死刑囚たち

2004年8月10日　第1刷発行
2009年3月10日　第2刷発行

著　者　免 田　　栄
発行人　深 田　　卓
装幀者　田 中　　実
発　行　㈱インパクト出版会
東京都文京区本郷2-5-11　服部ビル
Tel03-3818-7576　Fax03-3818-8676
E-mail：impact@jca.apc.org
http://www.jca.apc.org/~impact/
郵便振替　00110-9-83148

編集協力・島谷直子・深瀬暢子　　印刷・シナノ